CUANDO ELLOS SE VAN

JULIA NAVARRO

CUANDO ELLOS SE VAN

PLAZA & JANÉS

Primera edición: noviembre de 2025

Impreso en Colombia / *Printed in Colombia*

ISBN: 979-8-89098-091-5

Para Argos y Tifis, tan leales como valientes,
tan cariñosos como protectores,
que me han acompañado durante
la escritura de mis novelas y
han sido guardianes de mis secretos.
Y para Barbie, que ha tomado el relevo
y su compañía, su dulzura y
su alegría me arrancan sonrisas.
Y para Yola, Curro
y todos los maravillosos «peludos»
que me han querido y he querido.
De todos ellos es mucho lo que he aprendido.

Índice

Agradecimientos

Gracias a Margarita y a Luna, por amadrinar este libro.

A Leticia Rodero, quien me regaló la historia de Cédric Sapin-Defour.

A Virginia Fernández, por ayudarme libro tras libro.

Y también a David Trías, que no dudó en convertir esta historia en el libro que tienen en la mano.

No estaría escribiendo estas páginas si Leticia Rodero no me hubiera regalado *Su olor después de la lluvia*, de Cédric Sapin-Defour.

«Este libro ha vendido en Francia más de cuatrocientos mil ejemplares... Su autor es un reconocido alpinista y viajero, y como a ti te gustan tanto los perros...».

¡En menudo momento me lo regaló! Fue unas semanas después de que Argos fijara su mirada en la mía para decirnos lo mucho que nos queríamos y darnos el último adiós.

Acepté el regalo, pero sin ningún entusiasmo porque estaba y estoy pasando el duelo por la marcha de Argos.

El tiempo irá apaciguando el dolor que siento, pero aún hoy le echo de menos y cada vez que entro en casa lo primero que hago es buscarle con la mirada, asombrada de que no haya salido a mi encuentro. Entonces me doy de bruces con la realidad, que no es otra que la de su ausencia.

Les confesaré que en un principio decidí no leer el libro de Cédric Sapin-Defour. ¿Qué me podía contar que no hubiese sentido yo? Acaso, pensaba, su lectura lo único que haría es aumentar la desolación que me oprime el alma.

Además, no tenía ni idea de quién era Cédric Sapin-Defour. De manera que coloqué el libro en mi mesilla, diciéndome que ya encontraría el momento de leerlo.

Pero esa noche soñé con Argos, con su última mirada, con las últimas horas que compartimos, horas de dolor, horas en las que me sentí impotente sabiendo que apenas podía hacer nada para impedir que viviera sus últimos días u horas con un sufrimiento inmerecido como son todos los sufrimientos.

¿Saben?, en este momento tengo los ojos anegados en lágrimas. Pero seguiré escribiendo este diario perruno.

Fue al día siguiente cuando me decidí a ojear el libro y ya me quedé enganchada en sus primeras páginas. Porque Cédric Sapin-Defour «hablaba» como solo hablamos los que mantenemos o hemos mantenido una relación de cariño profundo con esos compañeros de vida que son los perros. No me gusta escribir «mi perro» porque ni ellos ni ningún ser vivo pertenecen a nadie. Son compañeros, al menos de un tramo de nuestras vidas, desgraciadamente tramos muy cortos porque ellos no sobrepasan los doce o quince años.

No, Argos no me pertenecía. Argos me acompañaba, nos acompañaba, porque formaba parte de la familia y les aseguro que su presencia empapaba de alegría esos momentos de soledad que en ocasiones nos embargan.

Argos, como todos los de su especie, era generoso regalándonos su afecto. Generoso en lealtad. Generoso en alegría. Generoso en compañía. Generoso, sí, siempre generoso.

Nació el 5 de septiembre del año 2011 y se marchó en abril de 2024. Trece años compartidos.

Llegó a casa unos meses después de que muriera Tifis. Nuestro querido Tifis, valiente, divertido, cariñoso, leal como lo son todos los perros.

Tifis empezó a formar parte de nuestras vidas un 24 de diciembre. Álex, mi hijo, le había pedido a Papá Noel que le trajera un perro. Tenía entonces cinco o seis años y cuando salíamos a la calle corría hacia todos los perros que veía sin sentir miedo de ninguno. Insistía en que quería un «perrito» grande, y señalaba a los huskys y los pastores alemanes que veíamos por la calle. Aquel mes de diciembre, un amigo me dio la dirección de una tienda en la que quizá podía encontrar un pastor alemán.

La tienda estaba en un barrio periférico y allí fui sin demasiadas esperanzas. Pero la suerte me acompañó. El dueño me dijo que conocía a un criador que acababa de tener una camada de pastores, pero que teniendo en cuenta que era 24 de diciembre no lo podría localizar hasta pasadas las Navidades.

Verán, soy de esas personas a las que les cuesta aceptar un «no» por respuesta, así que insistí tanto que aquel hombre me prometió que iría hasta el criadero de la sierra madrileña y por la tarde tendría a uno de los perritos de la camada. Así fue. Horas más tarde tuve en mis brazos a un cachorro precioso, al que dejé en casa de una de mis tías, mi tía Carmen, que vive cerca de nosotros, y que lo guardó hasta las diez de la noche, momento en el que llegó a la puerta de mi casa, tocó el timbre y se marchó para que Álex no la viera y creyera que el timbre lo había tocado el mismísimo Papá Noel.

Álex y su hermana Cristina fueron a abrir la puerta y allí estaba el cachorro metido en una cesta. Papá Noel había llegado con adelanto.

Fue mi marido, Fermín, el que le puso nombre: Tifis. Sí, Tifis, como el piloto de la nave Argo en la que Jasón y otros héroes griegos navegaron en busca del Vellocino de Oro. Tifis, también porque era el nombre que tenía el perro de Fermín cuando era pequeño y vivía en la montaña.

Tifis nos acompañó durante trece años y murió de un infarto provocado por un golpe de calor, de ese calor tórrido de Madrid en verano.

A todos nos estaba costando superar la desaparición de Tifis, pero Álex se empeñó en que quería otro amigo perro.

Mi hijo había compartido su infancia con Tifis. Jugaban juntos y no se separaban el uno del otro salvo las horas en que él estaba en el colegio. De manera que su muerte le afectó profundamente. A Álex es difícil verle llorar, ni siquiera cuando de niño se caía y se hacía daño derramaba una lágrima. Pero cuando Tifis murió, lloró, lloramos todos.

Nunca he faltado a trabajar o he dejado de hacer frente a un compromiso, aunque tuviera una bronquitis y cuarenta de fiebre. Pero el día en que murió Tifis, aunque estaba en plena campaña de promoción de *Dime quién soy*, llamé a la editorial para decir que me suspendieran todos los actos previstos. No me sentía capaz de nada que no fuera llorar.

Me costó superar la ausencia de Tifis, de manera que por más que Álex insistía en que trajéramos otro perro a casa, inconscientemente me resistía.

Y a su empeño añadió que debía ser un pastor alemán como lo había sido Tifis. No fue fácil encontrar a Argos, pero el día que le conocimos el flechazo fue inmediato.

Mi sobrino Fabián nos llevó a visitar una camada de pastores alemanes preciosos y juguetones que apenas tenían tres meses. Estaban en un pequeño recinto al aire libre, nos acercamos y los observamos retozar un rato, aunque de repente uno se acercó a Fermín, colocó sus patazas en la barra del recinto y no tuvimos duda de que nos había elegido y se vendría con nosotros.

Y así, recordando a Argos mientras leía la historia de Cédric con Ubac, comencé a pensar en tantos y tantos perros cuyo paso por la vida han dejado una huella no solo en la historia de quienes estuvieron con ellos, sino que fueron protagonistas de la Historia misma.

También fue Fermín quien sugirió que a aquel cachorro inquieto lo bautizáramos con el nombre de Argos, un nombre que simboliza la lealtad sin límites. Y sí, el de mi querido Argos es el nombre del perro de Ulises. Homero se refiere a él en la *Odisea* en uno de los pasajes más emocionantes de la Historia de la Literatura.

Cuando Ulises regresa a Ítaca después de vagar unos cuantos años por el Mediterráneo, nadie le reconoce. Ni su esposa Penélope, ni su hijo Telémaco, ni sus amigos ni otros familiares son capaces de ver a su rey en ese hombre que ha llegado a su costa, mal vestido y con la huella en su rostro y en su cuerpo de quien ha sobrevivido a quién sabe cuántas desgracias.

Cuenta Homero que cuando Ulises desembarcó, se dirigió a su «palacio», donde encontró a Argos tumbado, «roído de miseria», y al acercarse él movió la cola y enderezó las orejas. Ulises se enjugó una lágrima y a continuación aquel amigo fiel que llevaba tanto tiempo esperándole murió a sus pies.

Si alguien no se siente conmovido por este pasaje de la *Odisea* es que no tiene corazón.

Aún recuerdo que lloré como una Magdalena cuando de niña leí en una versión infantil de la *Odisea* el encuentro entre Ulises y Argos.

Muchos años después, durante uno de nuestros numerosos viajes por Grecia, precisamente en Ítaca, Fermín le explicó a Álex el reencuentro de Ulises y Argos y él tuvo que disimular la emoción que le producía la historia que le estaba contando su padre.

Eso sí, Álex, que siempre hacía preguntas imposibles, quiso saber de qué raza era Argos y Fermín respondió: «No lo sé, supongo que sería un perro grande y fuerte para acompañarle a cazar».

Tiempo después leí en alguna parte, no recuerdo dónde, que el perro de Ulises podía haber sido un saluki, una raza de perros que provienen de Persia y Mesopotamia y en la Antigüedad eran compañeros de caza de sus dueños. Vaya usted a saber.

Tampoco hay constancia de la raza de Péritas, el perro de Alejandro Magno, quizá un saluki o un perro cruce de muchas razas. Sabemos de su existencia por Plutarco y Plinio el Viejo. Al parecer Péritas fue un regalo de Alejandro de Epiro, hermano de Olimpia, la madre de Alejandro Magno, a su sobrino.

Péritas le fue tan fiel a Alejandro como Argos a Ulises. Esa es una de las características de los canes, su fidelidad. En el caso de Péritas acompañó a Alejandro hasta la India, y participó en las batallas siempre atento a su dueño. Pero si el perro de Ulises y el de Alejandro eran de raza saluki es algo que difícilmente sabremos, aunque sí se sabe que esta raza da perros altos que se asemejan a un galgo.

Cuando le conté a Fermín que había comenzado a escribir este relato me dijo:

—Tienes que leer el capítulo sobre Temístocles de las *Vidas paralelas* de Plutarco.

—¿Temístocles tenía un perro? —le pregunté.

—Se trata del perro de Jantipo, ya sabes, el padre de Pericles.

Mentiría si dijera que Jantipo formaba parte de mi imaginario. Pero Fermín se apresuró a contarme una historia conmovedora.

Según cuenta Plutarco en el capítulo sobre Temístocles en las *Vidas paralelas*, Jantipo, que era un guerrero, combatió contra Jerjes y lo hizo junto a Temístocles.

En vísperas de la batalla, Jantipo acudió al puerto y se subió al barco rumbo a Salamina, donde atenienses y persas medirían sus fuerzas. Alguien siguió a Jantipo. Su fiel perro no se lo pensó y corrió tras él hasta el puerto y, una vez allí, cuando vio a Jantipo subirse al barco desde el que combatiría, no dudó en tirarse al agua.

El barco zarpó y el perro nadó y nadó hasta llegar a Salamina. Cuando salió del agua, como consecuencia del esfuerzo, sufrió un infarto y murió.

La acción de este can es otro ejemplo de fidelidad. No quiso separarse de su dueño y no dudó en correr primero y nadar después.

Es una historia tan hermosa como trágica. La próxima vez que cruce en ferry hacia Salamina tendré presente la hazaña del perro de Jantipo.

Pero vuelvo a nuestro querido Argos, un pastor alemán tan inteligente como guapo, tan tierno como defensor, tan alegre como juguetón. Tan independiente como cariñoso, que nos ha acompañado tantos años, y no puedo evitar pensar en lo que el Argos leal amigo de Ulises sufrió durante su ausencia. Pasó de ser el perro del rey a ser ignorado por todos. Dejó de ser importante, malvivió sin que nadie le prestara atención, lleno de garrapatas y comiendo lo que encontraba. Argos se convirtió en Nadie al igual que Ulises.

El Argos amigo de Ulises murió a sus pies, y mi querido Argos murió mientras le abrazaba y le decía cuánto le quería, pidiéndole perdón porque una inyección le iba a segar la vida. Una vida que en esos últimos días se había convertido en un pozo de sufrimiento. No podía ponerse en pie, ni andar, no comía, no bebía y gemía de dolor. Juro que intenté que le salvaran, que aquel fin de semana fuimos a dos clínicas veterinarias de urgencias y que en ninguna de las dos me dieron esperanza: «O le quitamos el dolor y muere plácidamente o se queda ingresado con una vía puesta con analgésicos hasta que ya no aguante», me dijeron. Pero ¿cómo iba a dejarlo ingresado dentro de una jaula? Sé que, si lo hacía, él pensaría que le estaba abandonando, que le estaba dejando solo con su insoportable dolor.

Como no estoy segura de si soy partidaria de la eutanasia, me revolví llena de dudas mientras él gemía y gemía. Creo que me culparé el resto de mi vida de mi decisión y que no me consuela saber que desde el primer día en que llegó a casa y tuvimos que enfrentarnos a su mala salud, no hubo nada que no hiciéramos para que disfrutara de una buena vida.

A los seis meses le operaron de displasia, una enfermedad que se da cuando los perros ya tienen cierta edad, pero él la sufrió demasiado pronto. Años después le operaron dos veces de la columna... su columna llena de hernias, su columna enferma que era una causa permanente de dolor.

¿De quién era Argos? De nadie, de él mismo. Era uno más de la familia, como lo había sido Tifis, como lo han sido todos los perros que me han acompañado a lo largo de mi vida.

Cuando yo era pequeña y tiraba de las orejas a Yola, una inmensa perra San Bernardo, mi abuela Teresa me regañaba diciéndome que no era un juguete. Tendría yo tres o cuatro años cuando un día ella me pilló tirando de las orejas a Yola, y me contaba mi tía Elvira que mi abuela me dijo: «¿Te gustaría que te tiraran de las orejas?». Naturalmente yo respondí con un «Nooo». Y entonces aprovechó para decir: «Pues a Yola tampoco». Cuando fui un poco más mayor supe que en realidad Yola era de mi tía Elvira, dentro de los límites de posesión que se permitían en casa de mis abuelos, que eran límites muy estrechos. Parece que fue un regalo que alguien le había hecho a Elvira, la más pequeña de mis tías.

Nunca nos olvidamos de ella y, ya siendo yo mayor, en más de una ocasión mi tía Elvira me contaba alguna de las historias que la tenían como protagonista.

Mi tía me decía que Yola me cuidaba como una madre. Se ponía al lado de mi cuna y no se movía y, si lloraba, entonces iba en busca de mi abuela o de mi madre y empezaba a ladrar. Era su manera de avisar de que algo me pasaba.

Así que mis primeros días, meses y años de vida estuvieron marcados por la presencia de Yola. Mi tía Elvira conservaba alguna fotografía de ella: una San Bernardo enorme, con unas orejazas grandes y una mirada tierna.

De todos los perros que han compartido nuestra vida familiar, Yola ha sido la única hembra; el resto han sido machos. Supongo que por ese hándicap que arrastra el sexo femenino: la maternidad.

Ahora a los perros se los castra, pero seguramente hace años eso no era tan habitual y por tanto la gente prefería perros para no tener que asumir una camada de descendientes de una perra.

Otro pastor alemán que acompañó a mi tía Elvira y, por tanto, a toda la familia fue Abderramán, de estampa noble, cariñoso y leal. Golf y Tom, de mi primo Lolo y Joker de mi sobrino Fabi, también formaron parte de los amigos peludos que nos han acompañado. Golf era un pedazo de pan, obediente y tranquilo y Tom un torbellino agotador. En cuanto a Joker, mi sobrino Fabián lo rescató de una protectora; había sufrido y eso se reflejaba en su temperamento.

De Yola a Argos han sido unos cuantos los perros que han formado parte de mi vida. Los recuerdo a todos, los echo de menos a todos, y todos ellos me regalaron su lealtad y cariño sin condiciones y me dieron unas cuantas lecciones de vida.

Sé que a muchas personas les resulta difícil comprender la relación de afecto que se produce entre un perro y un humano. No trataré de convencerlas. Ellas se lo pierden.

Sí les contaré que en estos últimos años en que he pasado la mayor parte del tiempo escribiendo novelas, he tenido dos compañeros inseparables: Tifis y Argos.

Tanto el uno como el otro, en cuanto me

veían sentarme delante del ordenador, acudían a mi lado.

Cuando estoy escribiendo una novela no le comento a nadie de qué va, solo Tifis primero y Argos después eran depositarios de mis confidencias. Yo les contaba cuándo me había atascado, qué hacer con tal o cual personaje, las ganas de llegar al final…

Han sido compañeros tan discretos como incondicionales, y cuando en alguna ocasión me han preguntado si alguien conoce el contenido de mis novelas antes de que las termine, mi respuesta, una respuesta absolutamente sincera, ha sido esta: «Sí, Tifis», o «Sí, Argos». Y no, no era una *boutade*.

En cuanto al nombre de Tifis, un pastor alemán de tamaño tan grande como su bondad, ya he contado que así lo bautizó Fermín recordando el nombre de un perro que tuvo cuando era pequeño. ¿Qué significa Tifis? Pues, como he explicado en páginas anteriores, Tifis fue nada menos que un héroe de la mitología, el piloto de la nave Argo. Y sí, Tifis era valiente e imponía por su tamaño y sus dientes, que nunca utilizó más que para comer.

Para Álex fue como un «hermano» con el que jugar sobre todo al fútbol. Tifis era un portero excepcional. Álex lo colocaba entre dos árboles y tiraba a meter el gol. De cada diez chutes de Álex, Tifis paraba ocho o nueve. Vamos, que era un portero digno del Real Madrid.

Caminando juntos por primera vez

En ocasiones me he preguntado cómo fue aquella primera vez en que hombre y perro decidieron caminar juntos por la vida. Diversos estudios señalan que los perros descienden del *Canis lupus* y que su presencia se data entre 15.000 y 40.000 años atrás… Una controversia sobre su origen es si pertenecían a dos poblaciones de lobos diferentes o a una sola… Si eran de dos poblaciones diferentes, seguramente en algún momento se encontraron y se mezclaron, algo así como los Neandertales y el *Homo Sapiens*. Pero ¿dónde habitaron los primeros perros? La respuesta más común es que provienen de Asia, pero vaya usted a saber, con el tiempo los científicos irán desentrañando ese misterio.

Si cierro los ojos, imagino hace miles de años a un lobo hambriento, dejando que su instinto le lleve hasta donde acampa un grupo de hombres que alrededor de una hoguera comen los alimentos resultantes de la caza.

Quizá alguno de esos hombres al ver al animal le tira un trozo de hueso o simplemente lo ignora, pero cuando los hombres se tumban a descansar, él se acerca sigilosamente en busca de algún resto de comida.

Ese lobo listo entiende que su supervivencia depende de aquellos hombres y, aunque desconfía de ellos (y hace bien en desconfiar), no duda en seguirlos a una distancia prudencial a la espera de poder comer las sobras de sus alimentos.

Quizá todo empezó así… No lo sé. Lo único cierto es que hay constancia arqueológica de que perros y hombres vienen tratándose desde hace miles de años.

John Berger escribió un artículo, publicado en *El País* en 2002, sobre el descubrimiento en la cueva de Chauvet (Francia) de la huella de un niño y un perro. Huellas datadas hace 26.000 años...

Explicaba Berger que eran Cro-Magnones los que habitaban aquella cueva, un grupo de no más de treinta, y allí además de la huella del niño y el perro habían «pintado» osos, leones, renos...

Creo que fue en un artículo de *20 minutos* y también en un periódico vasco donde leí que en 1985, durante una excavación dirigida por Jesús Altuna en Erralla (Guipúzcoa), se encon traron restos de canes de hace 17.000 años, investigaciones corroboradas posteriormente por un equipo experto en Biología Evolutiva dirigido por Concepción de la Rúa.

Otra «pista» de cuándo surgió la relación entre hombres y perros la encontré leyendo sobre la arqueóloga británica Dorothy Garrod.

Lo primero que me llamó la atención sobre Garrod es que fue la primera mujer nombrada catedrática de Arqueología en Cambridge cuando corría el año 1939. Antes había estudiado en Oxford y durante sus primeros pasos en la aventura de la Arqueología tuvo la suerte de aprender y trabajar junto a otra gran arqueóloga, Nina Frances Layard, que ya en su época era un referente.

Me atrevo a decir que la de Garrod es la historia de una mujer que no se amilanó ante los convencionalismos sociales de su época y convirtió la Arqueología en su gran pasión, lo que la llevaría a excavar a lo largo y ancho del mundo, incluso en el minúsculo Peñón de Gibraltar, donde encontró restos del cráneo de un niño neandertal.

Dorothy decidió referirse a ese «niño» como Abel. Pero, además del hallazgo de Abel, sus excavaciones en Gibraltar consolidaron su prestigio como arqueóloga.

No obstante, en su biografía oficial se señala que sus descubrimientos más importantes tuvieron lugar en Oriente Medio, concretamente en lo que hoy es Israel.

Empezó a excavar en unas cuevas situadas en el Monte Carmelo, cerca de Haifa, en las cuevas de Tabun, El Wad, Es Skhul y Kebara, donde junto a la paleontóloga Dorothea Bate y otros arqueólogos y especialistas de la Escuela Americana encontraron, además de restos de esqueletos de neandertales, herramientas de piedra utilizadas por aquellos primeros hombres. La próxima vez que tenga la oportunidad de viajar al norte de Israel, intentaré visitar estas cuevas.

Asimismo, excavó en Wadi en-Natuf, la actual Cisjordania, donde entre sus «hallazgos» están dos «capas» del Paleolítico. Allí, en 1924, también había excavado el reverendo Alexis Mallon, quien «apostó» por ella para continuar con las excavaciones y no dudó en recomendarla a la Escuela de Arqueología Británica de Jerusalén.

Los descubrimientos que Garrod y su equipo hicieron en esas cuevas marcaron un antes y un después en el conocimiento del Paleolítico. En la cueva de Raqefet encontraron evidencias de que hace 15.000 años los hombres elaboraban cerveza, y en el yacimiento de Shubayqa, situado en el norte de Jordania, hallaron unas hoces de piedra que son la huella de la existencia de la agricultura en el periodo natufiense.

Mallon puso los cimientos y Garrod los asentó sacando a la luz la cultura natufiense.

Sin duda fue una mujer singular que rompió moldes en su época, no solo como arqueóloga y científica, ya que tuvo a gala contratar «solo» a mujeres para las excavaciones. A los hombres los contrataba para trabajos donde era imprescindible la fuerza, pero las mujeres formaban parte de su equipo de excavadoras que ella consideraba que era el trabajo más importante. Conclusión: ellos ponían la fuerza; ellas el cerebro.

Garrod murió en 1968 y, sin duda, es una de las figuras más destacadas de la Historia de la Arqueología.

Y así, siguiendo la pista de Dorothy Garrod, me topé con otro artículo de la *World History Encyclopedia* en el que daba cuenta de una tumba del periodo natufiense, de hace aproximadamente 12.000 años, donde se habían encontrado juntos a un hombre y a un perro.

Si un hombre decide enterrarse con su perro es que la relación entre ambos es sin duda estrecha e importante.

Las excavaciones en Ain Mallaha me han interesado especialmente y la próxima vez que visite Cisjordania también intentaré la manera de «ver» esos restos de la cultura natufiense. Pero sobre todo me conmueve que un hombre natufiense decidiera, o alguien decidiera por él, ser enterrado con su perro.

Insisto: si nos atenemos a la razón, es decir, a las evidencias arqueológicas y al trabajo de los paleontólogos, parece demostrado que la relación entre hombres y perros se remonta al principio de los tiempos.

Otro ejemplo lo encontramos en la tumba de Bonn-Oberkassel (Alemania), descubierta en vísperas de la Primera Guerra Mundial, donde se hallaron los restos de un anciano y una mujer joven y de dos perros; uno de ellos no vivió más que unas pocas semanas ya que murió aquejado de esa enfermedad mortal para los canes que es el moquillo. Hoy en día, los que vivimos con estos amigos peludos sabemos que hay que vacunarlos en los primeros meses de vida.

De manera que perros y hombres cohabitan desde hace miles de años. Seguramente su relación primero fue interesada, lo que no quita para que se fueran forjando lazos de afecto. Porque en el terreno de los sentimientos no hay razones.

Pero de lo que no hay duda es de que la relación hombre-perro siempre ha sido especial. Los canes han servido como guardianes, han acompañado al hombre a cazar, han protegido sus tierras y han enfrentado con valentía y lealtad a otros animales para defender a los hombres. Quizá por eso hubo algunos que protegieron a esos inesperados amigos que eran los perros.

Hay una historia hindú que, al igual que la de Argos, me conmueve especialmente. En este caso se trata de la fidelidad de un hombre, del rey Yudhishthira, hacia su perro. Este rey, al que conocemos por el *Mahabhárata*, al final de su vida inicia un viaje hacia el paraíso. Le acompañan su familia y su perro. Durante el camino van muriendo sus familiares hasta quedar solos ellos dos.

Cuando llegan a la puerta del paraíso los recibe un guardián que asegura al rey que es bienvenido porque ha llevado una vida digna, pero que no puede entrar con su perro. Entonces el rey Yudhishthira le dice que si no puede entrar con su leal amigo, prefiere quedarse en la Tierra y renunciar al paraíso.

Es una actitud que denota la grandeza espiritual del rey, una lealtad férrea a quien le había sido fiel y servido bien.

El guardián de la puerta del paraíso, el equivalente a nuestro San Pedro, le dice entonces que ambos pueden pasar, que había sido una última prueba para calibrar su bondad.

No me dirán que no es una leyenda conmovedora.

Hoy, cualquiera que visite la India encontrará en las calles de sus ciudades y en las carreteras multitud de perros abandonados a su suerte o, mejor dicho, a su mala suerte, sobreviviendo como pueden sin que parezca importarle a nadie lo que les depara la vida: hambre, enfermedades, malos tratos... No sé si el San Pedro hindú permitirá la entrada en el paraíso a quienes hoy hacen caso omiso de los canes.

Esto me lleva a la antigua Persia, donde encuentro un paralelismo entre lo que relata el *Mahabhárata* y el *Avesta*, que es un relato zoroastriano donde se especifica cómo hay que tratar a los perros y los castigos para quienes los maltraten. Castigo que recibirán en el «otro» mundo, ese que no conocemos, pero del que tenemos noticias por las más antiguas civilizaciones.

En el *Avesta* se advierte que maltratar a un perro tenía consecuencias en la «otra» vida. «La Otra Vida», «El Más Allá», «El Cielo», «El Infierno» están presentes en culturas que nos llegan del pasado, lo que nos debería llevar a preguntarnos el porqué de estas creencias tan arraigadas en las conciencias de los hombres. ¿Les suena? Son muchas las civilizaciones en las que está presente la idea de «El Cielo» para los buenos y «El Infierno» para los malos. Y desde luego, mi generación creció con el horizonte del Infierno si no te portabas bien. Pero vuelvo al *Avesta*.

Para los seguidores de Zoroastro, cuando el alma cruzaba el puente Cinvat se enfrentaba al «Juicio Final». Si en vida había tenido un buen comportamiento, podía pasar a habitar en la Casa de la Canción, pero si se había portado mal, le condenaban al Infierno situado en la Casa de las Mentiras. Precisamente cómo se hubiera tratado a los perros era determinante para ir a una «casa» o a la otra.

El maltrato o matar a un perro era castigado con el Infierno. Así, sin paliativos.

De manera que los persas se cuidaban de no hacer nada que los llevara directos a la Casa de las Mentiras. En el *Avesta* se indica que si uno se encontraba a una perra embarazada, debía asistirla y cuidar de sus cachorros, a los que no podía entregar a nadie hasta después de sus primeros seis meses de vida, y además asegurarse de que aquellos que se hicieran cargo debían tratarlos bien. Lo que se pretendía, en definitiva, era azuzar la responsabilidad de quienes tenían canes. Pero había más, porque en el *Avesta* también se indica que si uno se encontraba a un perro enfermo o herido debía hacerse cargo de él y ayudarle a sanar. Por supuesto, los perros tenían que ser alimentados y tratados con afecto.

Impresiona saber cómo en la antigua Persia creían que maltratar a un perro te podía acarrear ir directamente a la Casa de las Mentiras, que, reitero, es como el equivalente a nuestro Infierno. De manera que el reconocimiento a los derechos de los canes no es algo nuevo, por más que seguramente muchos crean que ese reconocimiento de los derechos de los animales se puede fechar en 1870, como consecuencia de un episodio aterrador.

Muchos conocerán la historia, la trágica historia, de Old Drum, un perro de raza Foxhound que vivía en una granja de Missouri propiedad de Charles Burden, quien tenía un vecino, Leonidas Hornsby, que odiaba a los animales en general y a los perros en particular, y eran frecuentes las amenazas que profería contra Old Drum.

Así que un día Old Drum apareció muerto a balazos junto a un arroyo cercano a la granja y Burden no dudó de quién era el responsable y le denunció. Claro que nadie se tomó en serio su denuncia, en realidad sus convecinos pensaban que no era para tanto que le hubiesen matado al perro. Me temo que hoy en día hay quienes piensan igual: que la vida de un perro no tiene valor. Pero Burden tuvo suerte porque un prestigioso abogado de Missouri, George Graham Vest, decidió hacerse cargo del caso ante los tribunales.

Su discurso ante el tribunal resultó tan convincente como emocionante, destacando las cualidades de los perros a los que calificó como «los mejores amigos del hombre». Y dijo más, algo evidente para todos los que nos relacionamos con los perros, y es que el único amigo que jamás va a traicionarnos es nuestro perro, «que permanece a nuestro lado en la prosperidad y en la pobreza, en la salud y en la enfermedad. Dormirá en el suelo frío, donde sopla el viento y cae la nieve solo para estar junto a su amo mejor amigo.

»Besará la mano que no tenga comida para ofrecerle, lamerá las heridas y las amarguras que produce el enfrentamiento con el áspero mundo. Guardará el sueño de su pobre amo como si fuera un príncipe. Cuando todos los amigos deserten, él permanecerá. Cuando las riquezas toman alas y la reputación cae en pedazos, es tan constante su amor como el sol en su viaje a través de los cielos.

»Si la fortuna hace que el amo se convierta en un paria en el mundo, sin amigos y sin hogar, el perro fiel no pide más privilegio que el de acompañarle para protegerle del peligro, para luchar contra sus enemigos.

»Y cuando llegue el último acto y la muerte se lleve al amo en sus brazos y su cuerpo sea enterrado en la fría tierra, no importa que todos los amigos hayan partido. Allí junto a su tumba se quedará el noble animal, su cabeza entre sus patas, los ojos tristes pero abiertos y alertas, noble y sincero, fiel y verdadero más allá de la muerte».

Sobra decir que Vest ganó el juicio y el malvado Leonidas Hornsby fue condenado.

El resumen de este discurso está escrito en una placa junto a una estatua que representa a Old Drum situada frente al Tribunal del Condado de Johnson en Warrensburg. Si alguna vez pasan por Missouri, no dejen de ir a ver la estatua y a leer el discurso de Vest.

A partir de ese juicio, o quizá deberíamos decir del alegato de Vest sobre la naturaleza de los perros, se dieron pasos importantes para reconocer los derechos de los animales en la legislación estadounidense primero y en las legislaciones de otros países después.

No me gustan los conceptos manidos, pero sin duda la muerte de Old Drum por las balas del malvado Leonidas Hornsby sirvió para que la sociedad empezara a tomar conciencia de que el hombre no es el «dueño y señor» de la vida de otras especies que habitan en la Tierra. Y si nos atenemos a las creencias de los persas de la Antigüedad, seguramente el alma de Leonidas Hornsby se encuentra vagando en la Casa de las Mentiras.

Tengo la impresión de que muchas personas desconocen que la Liga Internacional de los Derechos del Animal presentó a la UNESCO la Declaración Universal de los Derechos del Animal, y que muchos de los derechos allí recogidos se han integrado en las legislaciones de algunos países.

Precisamente porque creo que ese texto es bastante desconocido lo traigo hasta estas páginas.

La Declaración comienza con un Preámbulo de seis puntos y continúa con catorce artículos:

PREÁMBULO

–Considerando que todo animal posee derechos.

–Considerando que el desconocimiento y desprecio de dichos derechos han conducido y siguen conduciendo al hombre a cometer crímenes contra la Naturaleza y contra los animales.

–Considerando que el reconocimiento por parte de la especie humana del derecho a la existencia de las otras especies de animales constituye el fundamento de la coexistencia de las especies en el mundo.

–Considerando que el hombre comete genocidio y existe la amenaza de que siga cometiéndolo.

–Considerando que el respeto del hombre hacia los animales está ligado al respeto de los hombres entre ellos mismos.

–Considerando que la educación implica enseñar, desde la infancia, a observar, comprender, respetar y amar a los animales.

PROCLAMAMOS LO SIGUIENTE:

Artículo 1.

Todos los animales nacen iguales ante la vida y tienen los mismos derechos a la existencia.

Artículo 2.

A) Todo animal tiene derecho a ser respetado.

B) El hombre, en tanto que especie animal, no puede atribuirse el derecho a exterminar a los otros animales o explotarlos violando su derecho. Tiene la obligación de poner sus conocimientos al servicio de los animales.

C) Todos los animales tienen derecho a la atención, a los cuidados y a la protección del hombre.

Artículo 3.

A) Ningún animal será sometido a malos tratos ni actos crueles.

B) Si la muerte de un animal es necesaria, debe ser instantánea, indolora y no generadora de angustia.

Artículo 4.

A) Todo animal perteneciente a una especie salvaje tiene derecho a vivir en libertad en su propio ámbito natural terrestre, aéreo o acuático, y a reproducirse.

B) Toda privación de libertad, incluso aquella que tenga fines educativos, es contraria a este derecho.

Artículo 5.

A) Todo animal perteneciente a una especie que viva tradicionalmente en el entorno del hombre tiene derecho a vivir y crecer al ritmo y en las condiciones de vida y de libertad que sean propias de su especie.

B) Toda modificación de dicho ritmo o dichas condiciones que fuera impuesta por el hombre es contraria a dicho derecho.

Artículo 6.

A) Todo animal escogido por el hombre como compañero tiene derecho a que la duración de su vida sea conforme a su longevidad natural.

B) El abandono de un animal es un acto cruel y degradante.

Artículo 7.

Todo animal de trabajo tiene derecho a una limitación razonable del tiempo e intensidad del trabajo, a una alimentación reparadora y al reposo.

Artículo 8.

A) La experimentación animal que implique sufrimiento físico o psicológico es incompatible con los derechos del animal, ya se trate de experimentos médicos, científicos, comerciales o cualquier otra forma de experimentación.

B) Las técnicas alternativas de experimentación deben ser utilizadas y desarrolladas.

Artículo 9.

Los animales criados para la alimentación deben ser nutridos, alojados, transportados y sacrificados sin causarles ni ansiedad ni dolor.

Artículo 10.

A) Ningún animal será explotado para esparcimiento del hombre.

B) Las exhibiciones de animales y los espectáculos que se sirvan de ellos son incompatibles con la dignidad del animal.

Artículo 11.

Todo acto que implique la muerte innecesaria de un animal es un biocidio, es decir, un crimen contra la vida.

Artículo 12.

A) Todo acto que implique la muerte de un gran número de animales salvajes es un genocidio, es decir, un crimen contra la especie.

B) La contaminación y la destrucción del ambiente natural conducen al genocidio.

Artículo 13.

A) Un animal muerto debe ser tratado con respeto.

B) Las escenas violentas en las que haya víctimas animales deben ser prohibidas en el cine y en la televisión, a no ser que su objetivo sea denunciar los atentados contra los derechos de los animales.

Artículo 14.

A) Los organismos de protección y salvaguarda de los animales deben ser representados a nivel gubernamental.

B) Los derechos del animal deben ser defendidos por la ley, al igual que los derechos del hombre.

A poca sensibilidad que se tenga es difícil no estar de acuerdo con esta Declaración de los Derechos del Animal. Sin duda, educar en el respeto a los animales no es solo una tarea de las familias, también lo es de la escuela.

Hay que lamentar que la especie humana aún no haya asumido ni la cuarta parte de esta Declaración y por tanto el maltrato a los animales esté a la orden del día, y quizá nos resulte más evidente en los animales que tenemos cerca, los animales denominados de «compañía», como perros y gatos.

Cuando me preguntan por qué soy vegetariana a veces me cuesta encontrar una respuesta convincente, pero quizá la más sencilla es que no soporto el sufrimiento de los animales y, por tanto, no quiero contribuir de ninguna de las maneras al mismo.

Me repugnan los espectáculos en los que se maltrata a los animales y creo que nuestra legislación, ahora me refiero a la española, no los protege como debiera. Nuestros políticos prefieren mirar hacia otro lado porque no se atreven a contrariar a sus posibles votantes. Educar. Sí, educar es la solución. Y aunque cueste votos, prohibir espectáculos y fiestas populares en los que el animal es el objeto de la diversión. Que en determinadas fiestas de determinados pueblos de nuestro país, pongamos que hablo de Manganeses de la Polvorosa, sus habitantes encontraran divertido «tirar» a una cabra desde el campanario es algo tan vergonzoso como lo era esa otra tradición, igualmente bárbara, que denominaban «el Toro de la Vega» y que consistía en perseguir y cazar con picas y lanzas a un toro. Y a los que tan sensibles se muestran con las «corridas de toros» me gustaría escucharles un reproche sobre esa salvajada que son las fiestas con los toros embolados, que pasa primero por amarrar la cabeza del toro con sogas, después acorralarle y tirar de las sogas para conducirle a donde quieren los salvajes que participan de esta tortura, luego le colocan unos herrajes de metal en los cuernos en los que previamente han depositado un líquido inflamable y después se prende fuego. El toro, si logra ponerse en pie, corre despavorido. Si esto no es tortura, que me digan qué es.

Y así podría seguir describiendo salvajadas varias que han constituido el pan y la sal de las fiestas populares en nuestro país y que afortunadamente, y no sin oposición, se han ido prohibiendo.

Pero, volviendo la vista atrás, no podemos obviar que la relación entre hombres y perros es especial. Lo ha sido en el pasado pretérito, en los albores de la Humanidad, y en las primeras civilizaciones como la de la India, Mesopotamia, Persia, Grecia, Roma…

Las pruebas de esa alianza han llegado hasta nuestros días y a pesar de eso muchos perros siguen siendo maltratados, abandonados y, desgraciadamente, se hacen experimentos con ellos para lograr un tipo de perro que satisfaga los caprichos estéticos de personas desaprensivas.

Volveré a insistir en que, en mi opinión, nuestro sistema educativo tiene un déficit en lo que se refiere a educar en el respeto a los animales. Se debe enseñar a los niños que los perros y los gatos que habitan en sus casas no son un juguete, y mucho menos un juguete al que maltratar y desechar cuando se cansan de él.

Recuerdo un verano, siendo Tifis ya un perro de tamaño considerable, que Fermín, Álex y yo estábamos cenando en la terraza de un restaurante, en un puerto de una localidad del sur de España.

Tifis estaba tumbado apaciblemente sin siquiera pestañear y, de repente, un niño de unos siete u ocho años, que estaba en otra mesa con sus padres, se acercó hasta donde nos encontrábamos. Llevaba en la mano un juguete que se asemejaba a un palo del que se sujetaba una especie de cilindro. El niño le dio con el juguete en el lomo. Tifis le miró extrañado, gruñó, hizo ademán de ponerse en pie, pero debió de pensárselo mejor y siguió tumbado.

El niño salió corriendo hacia la mesa donde se encontraban sus padres, que ni se inmutaron ante la acción de su hijo.

No dijimos nada, pero permanecimos atentos intuyendo que aquel niño iba a «volver». Y así fue. Se acercó de nuevo corriendo y le dio otro golpe en el lomo. Esta vez Tifis sí que se levantó y, aunque no ladró, se quedó en alerta. Yo me acerqué a la mesa donde estaban los padres del niño para decirles que, por favor, no permitieran que su hijo volviera a golpear a Tifis. El padre me dijo: «Es solo un perro». La verdad es que la respuesta me indignó y les pregunté qué les parecería que Tifis se enfadara ante los golpes de su hijo y le diera un mordisco. La madre, muy retadora, me amenazó: «Pues les denunciamos y pediremos que sacrifiquen a su perro por violento».

Sí, me dio rabia, mucha rabia, y respondí que no me extrañaba ese comportamiento de su hijo teniendo unos padres como ellos; estuve a punto de añadir una barbaridad, pero me mordí la lengua. O sea, su niño agredía a Tifis y resulta que si este le daba un mordisco había que sacrificarle... Creo que le dije que Tifis no le haría nada, pero que yo sí, en caso de que se atreviera a volver a nuestra mesa a molestarnos. Álex, que me escuchaba, me preguntó si me atrevería a darle una «torta» al niño. No le respondí, pero quién sabe... Ya, ya sé que no «era» la solución, pero, entre otras cosas, no soporto ni la chulería ni el maltrato a los animales.

No es la primera vez que he visto cómo algunos «padres» permiten a sus criaturas que hagan daño a los perros propios o ajenos. De manera que, repito, es necesario que en la escuela se inculque a los niños el respeto a los animales, y eso debería pasar por explicarles que los animales también tienen derechos.

Claro que lo mismo que ignoran la Declaración Universal de los Derechos Humanos, supongo que es mucho pedir que se incluya la enseñanza de los derechos de los animales.

Sí, no tengo dudas de que los perros son los mejores y más leales amigos del hombre, al que vienen acompañando desde tiempo inmemorial, ayudándolo a cazar, a guardar el ganado y, sobre todo, protegiéndole. ¡Ah!, en la Antigüedad incluso consideraban la saliva de los perros como medicinal porque, creían, ayudaba a la cicatrización de las heridas.

Cuando Álex era pequeño no le gustaba que Tifis tuviera que llevar «collar», le preocupaba que le apretara demasiado el cuello y le hiciera daño, y en cuanto yo me despistaba él se lo quitaba. Mi hijo argumentaba, y con razón, que a él no le gustaría que nadie le pusiera un collar al cuello. Un razonamiento incontestable.

Supongo que en los albores de la Humanidad a alguien se le ocurriría la idea de colocar un «collar» alrededor del cuello de los caninos para asegurarse de que no se escaparan. Los historiadores apuntan que los collares empezaron a usarse en el Antiguo Egipto alrededor del 3500 a. C., y al parecer estaban hechos de cuero. Hay constancia en las estelas y los relieves encontrados en las excavaciones.

También en lo que antaño fue Mesopotamia se han hallado mosaicos y estelas donde se ven a perros con collar. Y si nos atenemos a ese pasado, parece que fue en Grecia donde se inventaron el «collar de púas» para evitar que otros animales, entre ellos los lobos, los pudieran matar mordiéndoles el cuello.

En estas antiguas civilizaciones en ocasiones a los perros los enterraban junto a sus dueños. Pero además ocupan un lugar preeminente en la Historia y la Literatura.

Anubis, ese perro-chacal encargado de que las almas llegaran hasta el Salón de la Verdad para que las juzgara el dios Osiris, que era quien decidía sobre su destino final.

O el Cerbero griego, ese temible perro de tres cabezas que vigilaba las puertas del Más Allá. Menos mal que nos han llegado figuras más amables habida cuenta de que la diosa Artemisa se hacía acompañar por varios perros.

Los perros también han estado ligados a la Filosofía. La Escuela «Cínica» debe su nombre al equivalente en griego de «perro» y quienes formaban parte de esta escuela eran conocidos como *kynikos*, que significa «como un perro». Esta corriente filosófica defendía la vida sencilla y rechazaba cualquier apego a lo material. Uno de sus filósofos más destacados fue Antístenes, discípulo de Sócrates, que vivió en el siglo IV a. C. De la Escuela Cínica formaron parte Diógenes de Sinope, Crates de Tebas e Hiparquía, una de las primeras filósofas.

En uno de los *Diálogos* de Platón este refiere que Sócrates decía que el perro es un filósofo, puesto que es capaz de distinguir a un amigo de un enemigo, mientras que los hombres no son capaces de hacerlo. Sin duda, es así y si no, díganme en cuántas ocasiones se han llevado un disgusto al descubrir que alguien a quien tienen por amigo es en realidad un enemigo. Es decir, que los canes tienen un instinto que los hace «sentir» lo que los humanos no somos capaces.

Un romano ilustre, nada menos que Virgilio, aludía a la importancia de los perros en el ámbito familiar porque «teniendo perros no necesitas temer por el ladrón nocturno...». Y es que en Roma habían elevado a categoría de ley a los perros como guardianes de las casas y las familias.

También en la Antigua Roma, cuando un perro se ponía a ladrar sin motivo alguno se creía que lo hacía a Trivia, la diosa de los fantasmas y de los fenómenos sobrenaturales.

Asimismo, en las culturas celtas se tenía respeto a los perros, porque los consideraban como guías en el reino de los muertos. Y en las leyendas escandinavas nada menos que Frigg, la esposa del dios Odín, se dejaba conducir por un carruaje tirado por perros.

De manera que quienes en la actualidad hayan visitado los países escandinavos habrán visto trineos conducidos por esos maravillosos huskys a la manera de la diosa Frigg. Incluso hoy en día las agencias de viajes ofrecen, dentro de la visita a estos países, la oportunidad de montar en trineo guiado por perros huskys.

En la cultura vikinga, los perros eran enterrados con sus amos porque serían sus guías por el mundo de los muertos.

Pero he de confesar que me estremece la suerte que han corrido los perros en otras culturas. Empezaré recordando que los mayas se los comían. Los tenían en jaulas y, llegado el momento, les servían de alimento. Bien es verdad que también los utilizaban para la caza y, al igual que en otras culturas, consideraban que ejercerían de guías en el más allá.

No es necesario ir tan lejos en el tiempo. Hoy en día, en nuestro civilizado mundo se los sigue tratando de manera incivilizada. ¿Alguien ha visitado una granja de pollos? ¿O sabe cómo se sacrifican los animales que van a terminar en su plato?

Les contaré que, en la primera ocasión que visité China, sufrí un shock cuando nuestro guía nos contó que era habitual que las familias salieran los días de fiesta al campo… y lo que comían era perro.

Recuerdo que estábamos regresando hacia Pekín después de haber visitado las tumbas de la dinastía Ming cuando en la carretera vimos varios maderos cruzados de los que colgaban unas pieles… Yo creí que eran pieles de zorro y pregunté a nuestro guía. Este nos contó que eran pieles de perros que previamente habían sido despellejados para venderlos como alimento… Su explicación nos sobrecogió.

Álex, que aún era «pequeño», le dijo a nuestro guía que teníamos un perro, que se llamaba Tifis y era un pastor alemán, y el guía respondió: «Si os lo coméis, seguramente estará muy bueno». Soltamos un grito de estupor e indignación. ¿Cómo podía plantear que nos comiéramos a Tifis? A partir de ese momento no fui capaz de vencer mi animadversión hacia el guía, y confieso que no cejé en hacer y decir todo aquello que pudiera molestarle.

Claro que el guía nos devolvía mis pequeñas venganzas contando historias que nos enervaban. Recordaba que desde la Antigüedad los perros habían sido una fuente de alimento y que además su sangre servía para sellar acuerdos. Insistía en que los dioses habían creado a los perros regalándolos a los hombres con el fin de que su carne y su sangre sirvieran para alimentarse y hacer sacrificios. También nos contó que en China, en la Antigüedad, los utilizaban como talismanes contra el mal: los mataban y los colocaban en la puerta para proteger a los habitantes de una casa o de una ciudad de la mala suerte.

Creo que le divertía ver cómo nos afectaba lo que nos contaba y yo fui planeando mi venganza, que consistiría en no darle propina cuando terminábamos el recorrido.

A pesar de lo que nos contó el guía chino, en un viaje posterior, a Shanghái y Pekín, pude ver a distintas personas, sobre todo mujeres, paseando con sus perros en total armonía. Y en Madrid, hace unos meses, he conocido a Minghui Li, cuya perrita, Bauzi, es tan querida como mimada y que además cuenta con una colección de abrigos de invierno que envidiaría cualquier *influencer*.

Conocer a Minghui Li y a Bauzi ha hecho que disipe mis prejuicios sobre el trato que hoy reciben los perros en China y que allí como en cualquier otra parte, desde el principio de los tiempos, los perros han ocupado un lugar especial entre todos los animales que se han relacionado con los hombres. Bien como amigos leales, como guardianes o como guías por el MÁS ALLÁ.

Siento un desgarro interior cuando me encuentro a perros vagando por las carreteras porque sus dueños los han abandonado en alguna gasolinera. Y no solo en la carretera, también por las calles de la ciudad, y sobre todo en verano. Sí, el verano es quizá la estación del año donde más perros se abandonan. Ese perro que compraron en Navidad como regalo para los niños se convierte en un estorbo cuando llega el estío y el momento de las vacaciones. He escuchado argumentos a cuál más egoísta: que si no les admiten el perro en el apartamento que han alquilado; que en el hotel les cobran un suplemento, o no saben qué hacer con el perro si tienen que ir de excursión o darse un chapuzón en la playa, etc.

Son personas que consideran que el perro que han comprado o les han regalado es solo un objeto para su satisfacción y, una vez que se han cansado, se desprenden del animal sin ningún cargo de conciencia.

Pero la legislación es leve y además no se aplica. Por maltrato, de tres a dieciocho meses de prisión y, por abandono, multas administrativas. El colmo es que hasta 2022 no se consideró a los perros como seres «sintientes», es decir capaces de sentir. Lo que me lleva a preguntarme por la estupidez humana. Porque solo un estúpido puede negar que los animales sienten y padecen.

¿Saben?, yo jamás me fiaría de una persona que es capaz de hacer daño a un perro; es más, no puedo evitar sentir instintivamente desprecio por ese tipo de gente que sin duda merece un castigo ejemplar.

Si se «asoman» a las páginas de las organizaciones dedicadas a la protección de animales, es decir, que recogen de la calle a perros y gatos abandonados, se encontrarán con cientos de perretes y gatos cuyas vidas han sido un auténtico infierno y que aguardan una oportunidad, que no es otra que los adopten.

Por eso tres meses después del fallecimiento de Argos tomamos la decisión de adoptar un perro y nunca imaginé que iba a resultar tan complicado. Las entidades protectoras te someten a un escrutinio intenso y, además, como están integradas por personas amantes de los animales que dedican su escaso tiempo a cuidarlos, los trámites son largos. En mi opinión, demasiado largos, porque provocan el cansancio del adoptante.

Comprendo que las entidades protectoras de animales necesitan constatar la idoneidad de los adoptantes, pero sin pretenderlo terminan ahuyentando a muchos de los que con su mejor intención han decidido adoptar a un perrete.

Ahora mismo no puedo evitar levantar la mirada hacia la foto en la que Argos y yo estamos jugando en el suelo cuando él aún no había cumplido un año. ¡Cuánto le echo de menos!

Perros de película

Son muchas las historias que tienen a los perros como protagonistas.

Historias de valor, de sacrificio, que incluso han sido llevadas al cine y a la televisión. Y para qué negarlo, además de los perretes que vivían en casa, a otros muchos, mis primos y yo, los fuimos conociendo a través de películas y de la tele. Más tarde los conoceríamos a través de los libros y, como no me canso de explicar, el primero de todos ellos fue el Argos de Ulises en una versión infantil de la *Odisea*.

Lo cierto es que, entre que en mi casa siempre había algún perro y los que veíamos en la pantalla y también eran protagonistas de algún libro, los canes siempre han formado parte de mi vida.

Recuerdo que los primeros perros que vi en el cine fueron Reina y Golfo, los personajes de *La dama y el vagabundo*, una de las mejores películas de la factoría Disney, o por lo menos a mí siempre me lo ha parecido.

Con el paso del tiempo he leído en alguna parte que Reina era una cocker spaniel, un perro aristocrático donde los haya, y Golfo un «callejero». Hace muchos años que no he vuelto a «ver» esta película, pero si cierro los ojos puedo recordar la trama, una perrita muy guapa y mimada y un perrito callejero que sobrevive gracias a su inteligencia. Pero el afecto y la lealtad no tienen barreras, tampoco en la sociedad perruna, y así la señorita Reina y el desafortunado Golfo se encuentran en un momento terrible para la cocker spaniel, ya que su nuevo amigo la «salva» de que termine en la perrera y le enseña a sobrevivir en libertad, sin «collares». Todo un descubrimiento para ella.

A mi primo Lolo y a mí nos entusiasmaban las aventuras de Rin Tin Tin y solíamos insistir a nuestro abuelo y a nuestros tíos para que nos compraran un perro como el que se asomaba, en blanco y negro, en la pantalla de la tele. Supongo que esa admiración por Rin Tin Tin es lo que años después nos hizo abrir las puertas de nuestras respectivas casas a pastores alemanes.

Rin Tin Tin era valiente, y sin él y el teniente Ripley, los soldados de Fort Apache no habrían ganado las guerras a los indios.

He de reconocer que entonces tenía el corazón dividido: yo estaba de parte de los indios, pero también de Rin Tin Tin. Supongo que fue la primera vez que tuve que asumir eso que denominamos «contradicciones», y que tantas veces he arrastrado y sigo arrastrando a lo largo de mi vida.

Muchos años después me aficioné a ver en la tele las aventuras de Rex, ese otro pastor alemán, listísimo, capaz de ayudar a la policía a resolver toda clase de crímenes.

Hace unos meses mis queridos primos Merche y José «perdieron» a «otro» Rex que los había acompañado en los últimos doce años. Y mi primo Lolo no deja de recordar a Golf, una mezcla de pastor alemán y perro callejero que rescató de una protectora. Aún los lloran.

También recuerdo con especial cariño *101 dálmatas*, cuyos protagonistas Pongo y Perdita ven amenazadas sus vidas y las de sus perritos por la malvada Cruella de Vil, que está empeñada en hacerse un abrigo con la piel de los dálmatas.

¡Cuánto sufrí viendo esta película! Y cuántas veces le pedí a mi madre que me comprara un dálmata. No me lo compró, pero una dálmata apareció en mi vida: Penny, que pertenecía a mi compañero de colegio y de pupitre, mi querido y ya fallecido Emilio Santamaría.

Cuando me encontraba a Emilio sacando a pasear a Penny le pedía que me permitiera llevarla. Como Emilio era un «trozo de pan» solía dejármela, pero, eso sí, ojo avizor, no fuera que nos vieran su hermana o sus padres, que tenían a Penny como a una más de la familia. Como debe ser.

Los niños del barrio envidiábamos a Emilio por tener a Penny. Todos habíamos visto *101 dálmatas* y estábamos fascinados con aquellos cachorros juguetones y preciosos con la piel blanca salpicada de manchas, de manera que poder «ver» y acariciar a una dálmata era un premio. Emilio era muy popular en el cole, ya que su hermana Massiel había ganado el Festival de Eurovisión, pero Penny catapultó definitivamente su popularidad.

A mi primo Lolo le gustaban las películas de Charlot, y no sé cuántas veces me hizo ver *Vida de perros*. Solíamos ir al cine los sábados por la tarde, entonces había sesiones dobles, y en el Príncipe Pío, que no estaba lejos de casa, solían «echar» una película en color y otra en blanco y negro, de manera que Charlot y el Gordo y el Flaco formaban parte del repertorio que repetían.

A mi primo le conmovía la historia de Charlot y la perrita Scraps, dos supervivientes. A mí me terminó enterneciendo de tanto verla, pero tengo que reconocer que me daba mucha pena.

Pluto también formó parte de mi infancia, ya que era uno de los protagonistas de las películas de Disney. Me encantaba su color anaranjado, sus grandes orejas, su mirada inteligente y traviesa y, sobre todo, lo buen amigo que era de Mickey Mouse. Mi madre me compró en Londres un «perro» de juguete igual que Pluto. Ocupó un lugar en mi habitación hasta casi pasada la adolescencia.

A Totó le conocí por primera vez en la «gran pantalla» en una versión de *El mago de Oz*, y me cayó bien de inmediato, quizá porque en la película se destacaban valores que puede que hoy resulten antiguos: la familia, la ternura, la amistad... encarnados por una niña y un perro terrier.

Tuve que cumplir unos cuantos años para añadir a Beethoven entre mis personajes cinematográficos favoritos cuando vi la película *Uno más en la familia* y ese «uno» era un San Bernardo, como lo había sido Yola para nosotros.

Y por fin, Lassie, a la que en su día calificaron como «la perra más famosa del mundo». No sé dónde leí que Lassie en escocés significa «niña». Lo que sí sé es que Lassie nació en un cuento del escritor Tom Knight que publicó en 1938 en el *Saturday Evening Post*. Al parecer, Tom Knight lo que hizo fue rememorar recuerdos de su infancia junto a su perro, de nombre Toots, que era también un collie. Lassie era, es, una collie de pelo largo, lista como ella sola, una actriz extraordinaria que ha protagonizado más de catorce filmes. Bien es verdad que, buscando documentación sobre ella, leí que la collie original no es la misma en todas las películas porque el paso del tiempo ha obligado a sustituir a las veteranas por otras más jóvenes.

¡Ay, la lealtad! Son los perros los que la manifiestan sin ninguna restricción. Por ejemplo, Lassie, una perrita capaz de enfrentarse a los mayores obstáculos para proteger a un niño llamado Jeff, hijo de un héroe de guerra, que vive con su madre y con su abuelo.

Algunos perros han saltado a la fama de las páginas de los libros a la pantalla, todos estos a los que me he referido además de otros muchos. Por ejemplo, Milú, el compañero de aventuras de Tintín. A Lolo también le gustaban las aventuras de Tintín, pero he de reconocer que nunca participé de su entusiasmo por el personaje, no sé por qué. En cambio, Milú siempre me gustó, un terrier de pelo blanco, realmente precioso, tan leal como inteligente, el mejor compañero que se pueda desear para afrontar cualquier desafío. De lo que no tengo duda es de que las aventuras de Tintín no habrían tenido tanto recorrido sin Milú. Milú es simpático, o al menos a mí me lo parece. No como Tintín, que siempre me resultó algo redicho. Espero que sus incondicionales me perdonen. En definitiva, literatura y cine van a menudo de la mano.

El galgo de Don Quijote y otros perros literarios

Y del cine a los libros. Ya sé que debería ser al revés: dar más importancia a los perretes literarios, pero este es un relato personal, de manera que sigo. Hay perros que perteneciendo a la ficción han alcanzado la fama a través de la «pluma» de escritores, y otros, gracias a los «pinceles» de grandes pintores. Sin olvidar a los que son reales y han formado parte de la vida de algunos escritores célebres.

Pero ahora continúo con los perros literarios y, por tanto, debería mencionar en primer lugar a Argos, aunque ya me he referido a él en páginas anteriores. Sí, demostró ser el amigo más leal de Ulises. Y como he escrito y contado en otras ocasiones, de todos los pasajes de la *Odisea*, el que más me «toca» el alma es su final, cuando Ulises regresa a Ítaca y solo le reconoce su fiel Argos. De manera que para mí, Argos es el amigo por excelencia. Pero voy a dejar a Argos para acercarme a otros de sus congéneres que formaron y forman parte de la Literatura.

Si buscamos otros perros literarios que se encuentran en la mitología, además de Cerbero, que era el guardián del Hades, no puedo dejar de referirme a Lélape, el perro que Zeus regaló a Europa. Claro que hay otra versión sobre Lélape, cuyo nombre traducido significa «Viento de Tormenta», y es que perteneció a Artemisa y esta se lo regaló a Céfalo. En algunos libros de mitología nos cuentan que Céfalo era hijo de Hermes y Herse y que tuvo una vida de lo más accidentada, sobre todo después de casarse con Procris, que era extremadamente celosa y pensaba que cuando su marido se iba a cazar en realidad estaba retozando con otra. Tuvieron sus más y sus menos, y después de muchos dimes y diretes, un día Procris le regaló a su marido a Lélape, un perro veloz como el viento.

En otro relato sobre Lélape se cuenta que Creonte le pidió a Anfitrión que lo ayudase a acabar con una zorra que tenía aterrorizados a los habitantes de Cadmea. Al parecer, a la diosa Atenea se le ocurrió pedir a Céfalo que les prestara a Lélape, un regalo de la mismísima Artemisa. Pero los dioses habían decidido que la zorra nunca pudiera ser cazada ni el perro fracasar en el intento de no cazar a una presa. Solución: Zeus convirtió a ambos animales en piedra. Fue una de esas maldades típicas de Zeus.

El galgo de Don Quijote

Cuando, siendo adolescente, leí una versión de *El Quijote*, enseguida me llamó la atención que don Miguel de Cervantes no pusiera nombre al galgo de su personaje.

«En un lugar de la Mancha, de cuyo nombre no quiero acordarme, no ha mucho tiempo que vivía un hidalgo de los de lanza en astillero, adarga antigua, rocín flaco y galgo corredor…».

Supongo que me llamó la atención la ausencia del nombre del galgo habida cuenta de que, para mis «entendederas» infantiles, eso suponía que don Quijote no podía llamar a su perro. Creo que pregunté a mi abuelo si es que don Quijote no quería a su perro y por eso no le había puesto nombre. No recuerdo qué respuesta me dio, pero no me debió de satisfacer porque también lo pregunté en el cole.

Siempre me ha puesto nerviosa la falta de respuestas lógicas y no encontré ninguna que justificara la ausencia del nombre del galgo. Pero ahí estaba el animal, junto a don Alonso Quijano, y, por tanto, me decía yo, debía de ser importante para él, tanto como Rocinante. Pero no, yo tenía que estar equivocada ya que don Miguel de Cervantes no tuvo a bien bautizar al galgo con ningún nombre.

Pasados los años, en una ocasión me encontré a Francisco Rico en una recepción de los Reyes en el Palacio Real con motivo del día del Libro y estuve tentada de preguntarle por el galgo de don Quijote.

La verdad es que no le perdí de vista, aguardando el momento en que no estuviera demasiado rodeado de gente para hacerle la pregunta, lo cual se terminó convirtiendo en misión imposible. Solo pude encontrar unos segundos cuando estábamos a punto de entrar en el comedor para el almuerzo, yo iba detrás de él y a punto estuve de atreverme. Pero me mordí la lengua. No quería que el máximo experto en *El Quijote* pensara que mi pregunta era una tontería y me tomara por tonta.

En *El Quijote* son numerosas las referencias a los perros. Pero don Miguel no se detiene a ponerles nombre a todos.

Ya sean los perros que les ladran a Sancho y a don Alonso a su entrada en el Toboso, o cuando los acosan los perros de los cazadores, y en otro capítulo se refiere al «agradecimiento» del que hacen gala los canes.

Otros dos perros que se mencionan en *El Quijote*, estos sí con nombre, en el capítulo II, son Barcino y Butrón. El primero de color canela, el segundo rojizo. Aparecen en un momento crucial de la vida de don Quijote, cuando ya está en las últimas por tanto desencanto. Claro que además de estos dos y otros perros sin nombre, como el galgo de don Quijote, don Miguel de Cervantes se refirió a otros perros en sus obras. Por ejemplo, en *La Galatea*. En una de sus *Novelas ejemplares* leemos «El coloquio de los perros», que tiene como protagonistas a dos canes. A mí esa novela me gustó especialmente porque no me costaba «meterme» en la piel de Cipión y Berganza, esos pobres perros que acompañaban a un religioso a pedir limosna.

Cervantes les da voz para que cuenten su vida perruna durante su encuentro en el Hospital de la Resurrección de Valladolid.

Berganza es un alano nacido en el Matadero de Sevilla y su vida está llena de desventuras. De Cipión no sabemos su raza, solo que su vida está igualmente repleta de sinsabores.

Para saber de estos dos canes y de otros lo mejor es leer un extenso estudio del profesor Zacarías López-Barrajón, académico de la Real Academia de Bellas Artes y Ciencias Históricas de Toledo, que es lo que he hecho yo.

Colmillo Blanco

Otro perro literario es, sin duda, Colmillo Blanco. Podría haberme referido a él en el apartado de perros de película, porque la verdad es que la primera vez que supe de él fue viendo el filme, lo que me llevó a leer la novela de Jack London. Lloré viendo *Colmillo Blanco* en la pantalla y lloré más aún cuando leí la novela.

Colmillo Blanco es un lobo al que han domesticado, tarea que, como pueden suponer, no es nada fácil, pero London, que publicó su novela en 1906, describe la nobleza del perrolobo, con una escala de valores propia: fiel, leal, valiente e inteligente. También su capacidad de afrontar el sufrimiento, cuando unos desalmados se lo llevan y tiene que hacer uso de su astucia para sobrevivir a la crueldad de los hombres y a las condiciones climatológicas de Alaska.

Leyendo *Colmillo Blanco* lo que nos encontramos es la crueldad del ser humano, su falta de respeto a la naturaleza y a quienes forman parte de ella.

La historia de Colmillo Blanco es un canto a la libertad, pero también a la lucha por la supervivencia. Toda una lección de vida.

Bendicó y el príncipe de Salina

Otro perro que ocupa algunas de las mejores páginas de la Literatura es Bendicó. Pertenece al príncipe de Salina, protagonista de *El Gatopardo*.

Bendicó es quizá el único amigo leal del príncipe de Salina y es también un símbolo del final de una forma de vida.

Fue Fermín quien, cuando le hablé de escribir este libro, me recordó a Bendicó. «No puedes escribir de perros literarios sin referirte a él».

Tiene razón. Y la tiene porque Bendicó es un personaje presente a lo largo del libro, el amigo incondicional del príncipe de Salina, el único que sabe de sus tribulaciones.

Naturalmente la lista de perros literarios es extensa y, la verdad sea dicha, este es un libro personal, no de «investigación perruna», y por tanto escribiré de los escritores con perros de los que tengo noticia, aunque seguro que faltarán perros y autores en este relato.

Boatswain y el epitafio de Byron

Lord Byron era, además de un gran escritor y un aventurero, un tipo de lo más peculiar, capaz de atravesar a nado el Gran Canal de Venecia o de ir a combatir junto a los griegos contra los turcos, amén de encontrar tiempo para escandalizar a sus contemporáneos. Valiente, arrojado, impertinente, brillante, provocador, así fue Byron. En su vida no demostró tener demasiados afectos a los «humanos» pero sí a Boatswain, un terranova de color negro por el que sentía un afecto sincero, seguramente el más sincero y permanente de cuantos profesó.

En algunas biografías se cuenta que, durante una travesía en barco, nuestro Lord vio al perro caer al agua y pidió de inmediato al capitán que parara el barco y mandara que lo rescataran. El capitán se negó y Byron le preguntó que si ordenaría parar si se tratara de un hombre. La respuesta fue «sí». Byron no se lo pensó dos veces y se tiró al agua, lo que obligó al capitán a detener el barco y rescatar al perro y a su salvador.

Pero si Boatswain ha pasado a la Historia se debe a que enfermó de rabia y Byron lo cuidó noche y día sin importarle que le pudiera morder y contagiar. Sin duda, Lord Byron fue un hombre con un valor extraordinario que le colocaba siempre en los límites. Sus cuidados no pudieron evitar que Boatswain muriera y el poeta decidió enterrarlo en su casa de Newstead Abbey, donde levantó un monolito en su recuerdo, y mandó grabar un epitafio escrito por él en el que deja patente su cariño absoluto:

Aquí reposan los restos de un ser
que poseyó la belleza sin la vanidad.
La fuerza sin la insolencia.
El valor sin la ferocidad,
y todas las virtudes del hombre sin sus vicios.
Este elogio, que constituiría una absurda lisonja
si estuviera escrito sobre cenizas humanas,
no es más que un justo tributo a la memoria de
Boatswain, un perro,
nacido en Newfoundland en mayo de 1803
y muerto en Newstead el 18 de noviembre de 1808.
Cuando algún orgulloso Humano regresa a la
Tierra,
desconocido para la Gloria, pero enaltecido por
su nacimiento,
el arte del escultor agota las pompas de dolor

y los ataúdes conmemoran a quienes descansan
allí.
Cuando todo terminó, sobre la tumba se ve
no lo que él fue sino lo que debió haber sido.
Pero el pobre Perro, en vida el amigo más fiel,
el primero en saludarte, el más dispuesto a
defenderte,
cuyo honesto corazón es propiedad de su dueño,
quien trabaja, pelea, vive, respira por él,
cae sin honores, sin que Nadie note su valía.
Y el alma que le acompañó en la Tierra es
rechazada en el Cielo.
Mientras que el hombre, ¡vano insecto!, desea ser
perdonado,
y reclama un cielo exclusivo para él.

El monolito de la tumba de Boatswain es más grande que el que se colocó sobre la tumba del propio Byron.

Les diré que Lord Byron nunca había estado entre mis personajes favoritos, pero el día que leí este epitafio cambié de opinión.

Flush, Barrett y Woolf

Flush, un cocker spaniel, era el perro que acompañaba a la poetisa Elizabeth Barrett, pero le debe la fama a otra escritora, nada menos que a Virginia Woolf, quien escribió una novela titulada con su nombre que fue un éxito.

Barrett, que vivió durante la época victoriana, fue una mujer igualmente singular, como Byron. Pero acaso el hecho de escribir, de dejar que la imaginación construya poemas o historias es en sí una extravagancia.

Sin duda, el papel de Elizabeth Barrett como mujer no se ajustaba a los cánones de su tiempo ya que hizo suyas dos causas: la abolición de la esclavitud y la oposición al trabajo infantil. ¡Bien por ella!

¿Dónde encontró la pulsión para enrolarse en la defensa de estas dos causas? Ella pertenecía a una familia acomodada, pero, aun así, su mente inquieta la llevó a leer a los clásicos. Claro que la fortuna es muy volátil y con el transcurrir del tiempo su padre se arruinó. Pero no es su vida la que quiero contar, sino la de Flush, un cocker spaniel «de orejas largas, cola ancha y unos ojos atónitos de color avellana». En realidad, sabemos de Flush por Virginia Woolf, a la que, casi un siglo después de que Barrett y su perro vivieran, se le ocurrió narrar su historia.

Virginia Woolf hace que sea Flush el que nos cuente la historia de Elizabeth Barrett y su relación con Robert Browning, también poeta.

El perro hace una descripción precisa de la época, y también da cuenta de los celos que al principio siente por la llegada de Browning a la vida de Elizabeth. Flush tiene que resignarse a compartir a Elizabeth con el poeta, lo que le resulta difícil.

Virginia Woolf no imaginaba el éxito que iba a obtener con esta novela, e incluso le llegó a preocupar que la consideraran una escritora «menor», ya que *Flush* se convirtió en un auténtico best seller, y en sus primeras semanas vendió más de veinte mil ejemplares.

Por lo que parece, también en la época en que le tocó vivir a Virginia Woolf el éxito de una novela estaba mal visto entre la intelectualidad, de manera que a la propia escritora le preocupó que la venta de tantos libros conllevara que el círculo de intelectuales no la tomara en serio.

Les confieso mi irritación por ese axioma tramposo en el que militan algunos críticos literarios, según el cual si un libro tiene buena acogida entre los lectores significa que no tiene calidad porque el común de la gente carece de entendederas para distinguir lo bueno, lo exquisito. La soberbia ensombrece la inteligencia y el buen juicio de algunos críticos. De manera que no es de extrañar que Virginia Woolf se preocupara por las ventas de *Flush*. Afortunadamente, el éxito no logró disminuir la fama literaria de Virginia Woolf, que hoy ocupa un lugar de honor en el Parnaso, donde se encuentran los grandes de la Literatura.

Keeper y Emily Brontë

Una escritora a la que yo leía con auténtico entusiasmo cuando era adolescente es Emily Brontë. Aún recuerdo la sacudida que me produjo *Cumbres Borrascosas,* qué novelón, qué gran novela, que, por cierto, no obtuvo buenas críticas cuando fue publicada. En demasiadas ocasiones los críticos van por un lado y los lectores por otro. Eso también le ha pasado a Alejandro Dumas hasta hace cuatro días.

En cuanto a Emily Brontë, parece que era de carácter retraído y que solo manifestaba cierta emoción ante los perros.

No es de extrañar, puesto que el ambiente en el que vivió no era precisamente alegre en la casa familiar, situada en un pueblo, Haworth, donde su padre «reinaba» como «pastor». Pero el hombre debía de tener su corazoncito porque parece que un día se presentó en su casa con un perro de raza setter que puso un punto de alegría en la familia, aunque no por mucho tiempo porque el animalito murió a consecuencia del moquillo. Al cabo de un tiempo el padre volvió a llevar otro perro, esta vez un terrier, que de inmediato se ganó el cariño de Emily.

No fue este el único can que formó parte de su vida, sus biógrafos aseguran que para ella fue especialmente importante Keeper, un bulldog del que no se separaba, que incluso dormía en su habitación, y que llegó a aterrorizar a toda la familia.

Parece que, en una ocasión, Keeper estuvo a punto de «desayunarse» a la vieja criada de la familia y que Emily le dio tal paliza que casi lo mata. Pero la personalidad de esta Brontë debía de ser la mar de compleja porque nada más apalearle se puso a curarle con todo el mimo del que fue capaz.

La verdad es que me cuesta comprender cómo pudo pegar a su perro con saña, pero una vez más el perro dio una lección de lealtad absoluta porque en ningún momento se revolvió contra ella. La perdonó. ¿Algún humano perdonaría que le dieran una paliza de muerte? Reconozco que este suceso me llevó a tener manía a esta Brontë. No soy capaz de «perdonarle» que golpease a su perro y me sigue costando disociar a la gran escritora de la mujer capaz de apalear a un animal.

Cuando la escritora murió, Keeper formó parte del cortejo funerario y pasó los siguientes días aullando sin cesar. Otra lección de lealtad.

El perro es el único amigo que no te traiciona nunca, que te perdona todo. Y debo confesar que cuando leí sobre la paliza de Emily Brontë a Keeper, inmediatamente la «borré» de la lista de mis autoras favoritas.

Insisto: no pienso perdonarla, aunque no dejaré de leerla.

Bingo para Agatha Christie

De vez en cuando me acecha la tentación de escribir a James Prichard, bisnieto de Agatha Christie, para preguntarle por qué su bisabuela puso a su perro el nombre de Bingo y, sobre todo, por qué en una entrevista que María Contreras le hizo en *Vanity Fair*, él lo calificó como «aterrador».

Ignoro si a Bingo no le gustaba James Prichard porque este no le trataba bien o simplemente le tenía miedo, o es que era realmente un perro con malas pulgas; claro que si nos atenemos a las fotografías en que la escritora aparece con su perro, este no tiene aspecto «aterrador».

Sin duda Bingo ocupaba un papel importante en la vida de Agatha Christie puesto que la acompañaba incluso cuando ella se ponía a escribir, lo cual comprendo porque, al igual que ella, yo he escrito todas mis novelas acompañada por Tifis primero y por Argos después. Y ahora con Barbie, mi maravillosa Barbie. Y, en más de una ocasión, me sorprendía a mí misma comentando con ellos los entresijos de lo que estaba escribiendo.

Yock y Pío Baroja

He tenido que buscar en el archivo de *ABC* un artículo de Francisco Rico que recordaba haber leído hace algún tiempo, ahora sé que fue el jueves 10 de noviembre de 2022. Se titulaba «Los tres» y se refería a la amistad entre Pío Baroja, Azorín y Ramiro de Maeztu, y de rebote Unamuno (que no vivía en Madrid). Según cuenta Francisco Rico, Azorín añadió a tan ilustre grupo de escritores a Yock, el perro de Pío Baroja. A Azorín le debió de parecer que el perro no era un cualquiera porque incluso le dedicó un artículo en el diario *Ahora*.

Por lo visto Yock sabía cómo encandilar a los amigos del escritor y a todo aquel que conociera, y solía ponerse a dos patas para recibir a las visitas. Ponerse a dos patas es como ponerse de pie.

Un día se presentó Valle-Inclán en casa de don Pío y Yock no dudó en ponerse a dos patas, lo que no impresionó al distinguido visitante; es más, parece que su disposición hacia los perros debía de ser nula. Cuando al cabo de un rato de charla, y mientras don Pío buscaba un libro en su biblioteca, de nuevo apareció Yock y volvió a levantar dos patas, el muy «bruto» de Valle-Inclán le dio una patada en el hocico. Menos mal que don Pío reaccionó y dio por terminado el encuentro con Valle-Inclán y le invitó a marcharse. La verdad es que el comportamiento de don Pío fue de lo más educado porque si alguien le hubiera dado una patada en el hocico a mi perro, yo le habría correspondido con una patada en la espinilla y echado de mi casa con cajas destempladas. Para que luego digan que don Pío tenía mal carácter.

Paco y los cafés de Madrid

¿Han oído hablar de Paco? ¿Les gustaría saber de él?

Paco vivió en los tiempos en que Benito Pérez Galdós formaba parte del grupo de intelectuales que visitaban los cafés de Madrid.

Y fue en uno de esos cafés donde conocieron a Paco, un perro callejero, mestizo, de color negro, listo entre los listos y simpático, capaz de hacerse amigo de la mayoría de aquellos que integraban la intelectualidad del momento.

Paco lo mismo entraba en un café que en los teatros, al parecer tenía preferencia por el Apolo y era un habitual en la plaza de toros de Las Ventas, a donde acudía lo más granado de la intelectualidad.

Los perros callejeros tienen una larga experiencia en sobrevivir, en enfrentarse a situaciones difíciles, y sobre todo son tan inteligentes que, como Paco, no dudan en intentar complacer a aquellos que pueden darles una caricia y, sobre todo, algo de comida. El caso es que Paco se convirtió en la mascota de los madrileños.

Cuentan las crónicas que, cuando se acercaba a la plaza de toros de Madrid, solía situarse en el tendido 9 y, de cuando en cuando, se dejaba caer en el ruedo cual torero ante los aplausos del público entusiasmado por su muestra de valor. ¿Por qué lo haría? Lo que está claro es que se jugaba la vida. Acaso era su manera de que el «respetable» contribuyera a su manutención.

Por cierto, que el nombre se lo puso un tal marqués de Bogaraya un día en que el perro entró en el café de Fornos para pasar la tarde en compañía de sus ilustres parroquianos.

De Paco hablaban los cronistas, y los afamados escritores no le negaban su afecto.

Desgraciadamente, en una ocasión en que Paco se «tiró» al ruedo se encontró con el estoque de un novillero. El público a punto estuvo de linchar al novillero que le causó la muerte a Paco, al que tenían por un aficionado más a la Fiesta, además de maletilla ocasional.

Paco dejó un vacío en el Madrid de la época, pero quienes quieran conocerle solo tienen que acudir al número 71 de la calle Huertas, donde el ayuntamiento de Madrid decidió levantarle una estatua esculpida por Rodrigo Romero.

Y ya que he mencionado a don Benito no puedo obviar a su perro Polo, con el que aparece en una foto que se puede ver en el archivo situado en la que fuera su casa en Canarias.

Remo y Unamuno

Remo también es un perro que gustaba de la Literatura ya que vivía con Miguel de Unamuno. Pastor alemán de raza, al que el ilustre escritor le dedicó un largo poema lamentando su muerte. Estas son algunas de las estrofas del poema:

¿No volveré a encontrarte, manso amigo?
¿Serás allí un recuerdo,
recuerdo puro?
Y este recuerdo
¿no correrá a mis ojos?
¿No saltará blandiendo en alegría
enhiesto el rabo?
¿No lamerá la mano de mi espíritu?
¿No mirará a mis ojos?

Sirio y Vicente Aleixandre

Siempre he tenido a Vicente Aleixandre como la quintaesencia de la sobriedad, quizá por eso me conmueve más su amor por los «Sirio».

Lo confieso, ignoraba que Sirio I, Sirio II y Sirio III formaron parte de su vida. Sabía que había tenido un perro llamado Sirio, pero resulta que fueron tres. Eso me ha llevado a recordar a Winston Churchill, también amante de los perros, que tuvo, que yo sepa, dos french poodles; al primero lo llamó Rufus y, al igual que Aleixandre, no se complicó ni se esforzó mucho al buscar nombre para el segundo, al que también llamó Rufus, pero en ese caso Rufus II.

Eso de repetir nombre sigue haciéndose en la actualidad. Por ejemplo, Margarita Robles tuvo una yorkshire cariñosa y juguetona llamada Luna. Recuerdo un día en que hablábamos por teléfono y Margarita interrumpía la conversación de vez en cuando para pedirle a Luna que estuviera quieta. En ese momento yo estaba escribiendo un capítulo de mi novela *De ninguna parte* en el que el protagonista se encuentra a una perra, y decidí llamarla Luna. Aquella yorkshire de Margarita enfermó y murió y poco tiempo después le regalaron una shih tzu que también lleva por nombre Luna. Es tan hiperactiva como traviesa y no para nunca. Amadrina esta historia junto con Margarita.

Pero vuelvo a Vicente Aleixandre y a su poema «A mi perro», en el que hacía referencia a las muchas palabras que el poeta dedicó a Sirio, a los tres Sirios que se funden en uno:

> *Oh, sí, lo sé, buen «Sirio», cuando me miras con*
> *tus grandes ojos profundos.*
> *Yo bajo a donde tú estás, o asciendo a donde tú*
> *estás*
> *y en tu reino me mezclo contigo, buen «Sirio»,*
> *buen perro mío, y me salvo contigo.*

Aquí en tu reino de serenidad y silencio, donde la
voz humana nunca se oye,
converso en el oscurecer y entro profundamente
en tu mediodía.
Tú me has conducido a tu habitación, donde
existe el tiempo que nunca se pone.
Un presente continuo preside nuestro diálogo, en
el que el hablar es el tuyo tan solo.
Yo callo y mudo te contemplo, y me yergo y te
miro. Oh, cuán profundos ojos conocedores.
Pero no puedo decirte nada, aunque tú me
comprendes… Oh, yo te escucho.
Allí oigo tu ronco decir y saber desde el mismo
centro infinito de tu presente.
Tus largas orejas suavísimas, tu cuerpo de
soberanía y de fuerza,
tu ruda pezuña peluda que toca la materia del
mundo,
el arco de tu aparición y esos hondos ojos
apaciguados
donde la Creación jamás irrumpió como una
sorpresa.

Allí, en tu cueva, en tu averno donde todo es
cenit, te entendí, aunque no pude hablarte.
Todo era fiesta en mi corazón, que saltaba en tu
derredor, mientras tú eras tu mirar
entendiéndome.
Desde mi sucederse y mi consumirse te veo, un
instante parado a tu vera,
pretendiendo quedarme y reconocerme.
Pero yo pasé, transcurrí y tú, oh gran perro mío,
persistes.
Residido en tu luz, inmóvil en tu seguridad, no
pudiste más que entenderme.
Y yo salí de tu cueva y descendí a mi alvéolo
viajador, y, al volver la cabeza, en la linde
vi, no sé, algo como unos ojos misericordes.

Según escribe Rafael Narbona, en un artículo publicado en *El Español* en diciembre de 2017, Aleixandre aborrecía que a Sirio se le pudiera denominar «mascota»: «Sirio no es una mascota, palabra abominable, sino un interlocutor que se comunica con la mirada. Sus ojos no expresan sentimientos primarios, sino emociones hondas y complejas, no muy distintas a las humanas. Son ojos profundos porque atisban lo que se escapa a la razón: que el universo no acaba; que la eternidad no está más allá, sino más acá, en la vida misma; que el ser es un río interminable».

Y otro párrafo para y sobre Sirio: «Gracias a un perro, el hombre puede mirar a la muerte de frente».

Son palabras tan bellas como conmovedoras, con las que «comulgo» de la primera a la última.

Jofi y Freud

No sé qué habría pensado Sigmund Freud de las palabras de Aleixandre, acaso las habría rubricado puesto que él sintió especial devoción por Jofi, un chow chow que le regaló una de sus más ilustres pacientes, María Bonaparte, bisnieta de Napoleón. No me extraña que, con la vida tan agitada de los Bonaparte, la bisnieta terminara en el diván de Freud.

Cuentan los biógrafos de Freud que Jofi se convirtió en «asistente» del psiquiatra, a tal punto que participaba en las sesiones de psicoanálisis e incluso le avisaba cuando pasaban los cuarenta y cinco minutos que dedicaba a cada paciente. Esto no sé si creérmelo.

Al parecer a Freud la presencia de Jofi le tranquilizaba y se convirtió en su amigo inseparable. Cuando Jofi murió no dudó en sustituirlo por otro chow chow al que llamó Lun, y que fue su compañero de exilio cuando, en 1939, tuvo que abandonar Viena ante el triunfo de los nazis.

Bluchy y los Zweig

Y fue en el exilio en Brasil, en la ciudad de Petrópolis, donde el 22 de febrero de 1942 Stefan Zweig decidió quitarse la vida, que le resultaba insoportable ante el auge del nazismo. En aquella habitación donde puso fin a sus días junto a su segunda esposa, Lotte Altmann, dejó cuatro cartas, en una de ellas daba instrucciones precisas de lo que debían hacer a su muerte. En sus últimas voluntades estaba el «regalo» de Bluchy a su casera.

No sé si se inspiró en Bluchy cuando escribió *¿Fue él?*, libro en el que narra la historia de Ponto, un bulldog, sin duda el protagonista absoluto de la novela, donde el misterio y la intriga son parte de la trama que conduce al lector a un callejón sin salida. La trama gira sobre Ponto, sobre el afecto, los celos, el futuro... Un libro inquietante. Pero es que Stefan Zweig siempre sacude el alma de sus lectores. Me pregunto si la casera de Zweig sintió verdadero afecto por Bluchy o si lo recibió como una herencia indeseada.

Basket, Gertrude y Alice

Basket, Gertrude Stein y Alice Toklas formaban un trío inseparable en el París de los años treinta.

Basket era un caniche, parece que a ambas les gustaban los caniches. En el caso de Basket, Gertrude y Alice lo mimaban sin miramientos, tanto que, ¡horror!, le daban azúcar y al parecer la propia Gertrude le lavaba los dientes dos veces al día. Ella nos ha legado esta frase: «Yo soy yo porque mi perro me conoce». ¡Ahí es nada!

No me extraña la devoción de la escritora y su amiga Alice por Basket, porque los caniches son unos perros muy inteligentes que saben ganarse el afecto de quienes se acercan a ellos.

Full, un perro prestado

En una ocasión tuve «prestado» un caniche de color marrón y tamaño mediano. Se llamaba Full y era de Natalia Ferraccioli, la maravillosa y tristemente desaparecida esposa de Raúl del Pozo.

Recuerdo que un día me llamó para preguntarme que como a Raúl le enviaban de corresponsal a Moscú y no les permitían llevarse a su perro, si no me importaba cuidarlo hasta que regresaran. Dije que sí. Habría sido incapaz de negarle nada a Natalia. Y así Full pasó a formar parte de mi vida. Natalia me contó que el nombre de Full se debía a que Raúl lo compró con lo que obtuvo en una partida de póquer que ganó con un *full*.

Full se convirtió en mi sombra. Lo llevaba a todas partes, a trabajar, y también cuando salía por la noche e iba a una discoteca (entonces andaba yo por la veintena).

A Full no le asustaba ni el ruido ni las luces, se sentaba a mi lado y contemplaba pasar la vida de los humanos que le rodeábamos.

Era tan inteligente como bueno y noble, y cuando Natalia y Raúl regresaron de Moscú y tuve que «devolvérselo», me llevé un disgusto del que me costó recuperarme. De manera que si alguien me vuelve a pedir que le cuide una temporada a su perro que sepan que lo haré, pero me quedaré con él para siempre.

Los terriers de Faulkner

Siguiendo la estela de los perros que acompañaron a escritores célebres, no puedo dejarme en el tintero a los terriers que formaron parte de la vida de William Faulkner. Solo hay que mirar algunas de las imágenes de la época.

Una de las fotografías más icónicas del escritor se la hizo Henry Cartier-Bresson. En ella aparece con sus dos perros y no es difícil entrever la relación de un escritor tan enigmático con ellos. La presencia de sus perros le humaniza, ellos le dan una dimensión más terrenal.

Los perros de Neruda

Si repasamos en la hemeroteca a algunos de los escritores fotografiados con sus perros, nos daremos de bruces con Pablo Neruda, tan controvertido últimamente porque el movimiento *woke* le ha colocado en su punto de mira. Sin duda, no fue lo que se entiende como un hombre ejemplar, pero sí un gran escritor. Neruda dejó en dos poemas su manifiesto afecto por los perros. Me refiero a «Un perro ha muerto» y «Oda al perro».

Como digo, hay muchas fotos de Neruda con algunos de los perros que le acompañaron a lo largo de su vida. Si «visitan» la Fundación Pablo Neruda, lo comprobarán. Calbuco, Cutaca, dos mestizos con los que vivió en Méjico, además de Dinegal, Panda, Niebla, Chu-Tuh, Nyon…

Cuando Neruda se casó con Matilde Urrutia solo tuvo un invitado: Nyon. ¿Hace falta que les diga que era su perro?

Precisamente en un reportaje publicado por el diario *Excelsior* de Méjico, se cuenta que a Neruda no le gustaba atar a sus perros con correa y disfrutaba viéndolos saltar y correr libremente.

Lo comprendo, a mí me ha disgustado en el pasado, también hoy, tener que poner un collar alrededor del cuello de los perros que forman parte de mi vida. No puedo dejar de ponerme en su lugar: ¿me gustaría que llegaran unos marcianos de otra civilización y me colocaran un collar alrededor del cuello?

Alguno tendrá la tentación de responder que hay perros peligrosos. No lo puedo negar.

Pero al igual que hay hombres extremadamente peligrosos. Colocar un collar en el cuello de un perro me produce cierto malestar y me sorprende su bondad al no darse la vuelta y dar un mordisco, que es lo que yo intentaría hacer si alguien quisiera colocarme un collar y una correa.

Cuentan en ese reportaje que, al abandonar España en la Guerra Civil, Pablo Neruda le regaló a Rafael Alberti una perrita de nombre Niebla a la que nuestro poeta le dedicó un poema:

Niebla, mi camarada,
aunque tú no lo sabes, nos queda todavía,
en medio de esta heroica pena bombardeada,
la fe, que es alegría, alegría, alegría.

Pero vuelvo a un instante de la vida de Neruda, cuando en Isla Negra, a punto de morirse, aún recibió la última muestra de afecto de Chu-Tuh, su perro de raza chow chow, que se le acercó para darle un lametazo en la mano, esa mano de la que había recibido tantas caricias y afecto.

Camoens y Saramago

Creo que lo leí en una noticia publicada en *ABC*: la muerte de Camoens, el perro de agua que inspiró a José Saramago para crear a Encontrado en su novela *La caverna*.

Camoens murió dos años después que Saramago, y Pilar del Río, su esposa, escribió unas líneas con una bellísima despedida. Ambos compartieron su vida con tres perros: Greta, una yorkshire; Pepe, un caniche, y Camoens, un perro de agua. Camoens fue el último en morir y sin duda disfrutó, como sus hermanos perrunos, de una buena vida junto a Pilar del Río y José Saramago.

Los perros forman parte de los personajes de algunas de las novelas del Nobel portugués, acaso porque, como él mismo dijo en una ocasión: «Encuentro en los perros más humanidad que en los hombres». Estoy de acuerdo con él, ya que a lo largo de mi vida he conocido a algunas personas en las que era difícil encontrar un rasgo de humanidad.

En la obra de Saramago los perros ocupan un lugar protagonista, recuerden, además de *La caverna*, *La balsa de piedra* y *Ensayo sobre la ceguera*.

¿Saben?, cuando leía alguna entrevista de las muchas que se publicaron con Saramago, siempre entreveía en sus respuestas su modestia y su bondad. Saberle compartiendo su vida con perros abandonados a los que abría la puerta de su casa era una muestra más de ello.

Mister Bones y Paul Auster

Un libro que me conmovió especialmente fue *Tombuctú* de Paul Auster.

En esta novela Auster hace una reflexión sobre la condición humana a través de dos personajes: Mister Bones y Willy G. Christmas. Un perro y un hombre. Dos amigos, dos vagabundos que se encuentran y se acompañan. Vivir en la calle es duro para el hombre, pero también para los perros que no tienen defensa frente a extraños y otros congéneres, de manera que, juntos, además de compañía, se saben protegidos. Los dos recorren Norteamérica, sobreviven al frío y al calor, al hambre y a la violencia y sobre todo a la soledad. Cuando te acompaña un perro nunca estás solo.

En la novela, el personaje de Willy G. Christmas es el de un hombre fracasado. Se convierte en un vagabundo que ve cómo naufragan sus sueños de poeta y cuando siente que su vida está a punto de finalizar, lo único que le preocupa es qué será de Mister Bones.

Christmas se refiere al Más Allá como Tombuctú, y antes de partir decide buscar a Bea Swanson, una antigua profesora de instituto, para que se haga cargo de Mister Bones junto a varios de sus cuadernos de poemas.

Su historia en común la cuenta Mister Bones, y es a través de él como sabemos de la soledad de ambos, de la amistad que les ha permitido ir sorteando los vaivenes de la vida.

La novela es desgarradora, conmueve hasta las lágrimas, porque en sus páginas están presentes la miseria de la condición humana, la soledad, la enfermedad y el horizonte ineludible de la muerte.

Es una historia de amistad, de lealtad, que no deja indiferente. Les confesaré que es mi novela preferida de las escritas por Paul Auster.

Perros amigos de Pérez-Reverte

Voy a dar un salto, para poner punto y aparte a este capítulo, recordando a Arturo Pérez-Reverte, que viene dejando testimonio, en artículos y libros, de su respeto y amor por los perros.

Arturo nos ha ido presentando en algún que otro artículo a Sherlock, Rumba, Sombra... además de en dos de sus libros, que considero imprescindibles para quienes «quieren» a los perros; me refiero a *Los perros duros no bailan* y a *Perros e hijos de perra*.

A mí personalmente me entusiasmó *Los perros duros no bailan* porque encontré al mejor Arturo entre sus líneas. En realidad, Negro, un cruce de mastín, Teo, un perro rodesiano, y Boris, un lebrel ruso, bien podrían ser en vez de canes, personas. Peleas ilegales, el código de conducta para los que sobreviven en la calle, violencia, soledad…

Léanlos y busquen este párrafo en el que no deja lugar a dudas de cuál es su relación con la raza canina:

«Ningún ser humano vale lo que un perro. Cuando desaparece un perro noble y valiente, el mundo se torna más oscuro, más triste, más sucio».

Amén.

Pintando perros

Si hacemos un repaso general de la Historia del Arte, y más concretamente de la pintura, volvemos a encontrarnos a nuestros amigos de cuatro patas retratados en cuadros por grandes de la pintura. Desde los maestros antiguos hasta nuestros días, son muchos los que han plasmado en sus lienzos figuras de perros.

Pero antes de pintar en lienzos, el hombre del Paleolítico dejó huella de sus cualidades pictóricas en las cuevas donde se refugiaba. Y en esas cuevas aparecen figuras de canes junto a otros animales. Por ejemplo, en España tenemos la cueva de los Perros, situada en Zarza Capilla, Badajoz, donde no es fácil acceder, pero en caso de hacerlo, encontrarán en una de las paredes una fila con figuras de perros, además de caballos, ciervos, osos…

¡Ah!, y no olvidemos que fue precisamente un perro el que «descubrió» junto a su dueño la cueva de Altamira, la que se considera «la capilla Sixtina del Paleolítico». Modesto Cubillas, un aparcero de Marcelino Sanz, andaba por esos parajes con su perro, un pastor de nombre Rob que, llevado por su curiosidad, empezó a husmear entre las grietas de una roca… Y ambos, perro y dueño, echaron un vistazo sin imaginar lo que iban a descubrir. Modesto se lo comunicó a su jefe, Marcelino Sanz, quien poco después entró en la cueva y se encontró con las pinturas rupestres. Pero sin Rob, quién sabe si hubiésemos podido conocer esa joya del Paleolítico. A Rob la ciudad de Altamira le dio el título de «El perro de la cueva» y pusieron su nombre a una calle. ¡Qué menos! Álex debía de tener ocho o nueve años cuando, visitando la cueva de Altamira, Fermín le contó la historia de Rob. Aún recuerdo su expresión de sorpresa y cómo el resto del viaje no dejó de pedir a su padre que le explicara más aventuras de Rob. No creo que sea exagerado decir que, sin Rob, Altamira seguiría guardando sus secretos.

También los perros aparecen «retratados» en los pictogramas del Antiguo Egipto, acompañando a los faraones.

La «lista» de cuadros donde aparece algún can es interminable. Solo mencionaré algunos de los que me han impactado dejando su imagen en el recuerdo. Así que me referiré a ellos sin más pretensión que compartir con ustedes, lectores, mi interés por estas pinturas.

Perro semihundido de Goya

Por ejemplo, «el perro» pintado por Francisco de Goya. En el Museo del Prado está rotulado como *Perro semihundido*. En el cuadro aparece la cabeza de un perro, quizá intentando salvarse de una corriente. Pero tampoco está claro qué clase de «corriente»; eso sí, en la mirada del can se refleja la angustia de esa lucha que libra contra un elemento que en el lienzo aparece como una franja de color ocre.

El cuadro produce angustia. O al menos a mí me la provoca el contemplar esa cabeza que sobresale sobre una masa uniforme. Tanta, que me dan ganas de estirar la mano para ayudar al perro a salir del laberinto de agua.

La obra forma parte de sus Pinturas Negras y dos siglos más tarde inspiraría a otro grande de la pintura, Antonio Saura.

He leído en algún lugar que el propio Saura contó que, cuando vio este cuadro de Goya en El Prado, le produjo tal impresión que años más tarde lo terminó recreando en una de sus pinturas más impactantes que hoy podemos ver en el Museo Boijmans Van Beuningen de Róterdam. *El perro de Goya* es solo una cabeza sin cuerpo que él interpretaba como la muestra de la desesperación, pero en esa cabeza se vislumbra la angustia del animal. ¿Hacia dónde mira? No lo sabemos, pero es como si la mirada se escapara más allá del lienzo en busca de una mano que le salve.

Sin duda, ambos cuadros están entre mis favoritos por su realismo.

Don Francisco, además, «retrató» a otros perros, como *Perros en traílla* o *Niños con perros de presa*, que forman parte de sus cartones para tapices. Aunque, en mi opinión, sin duda, el «perro» de Goya es esa pintura inquietante y genial que nos transmite desolación y angustia, o por lo menos a mí me las transmite.

Pero más allá de mis gustos personales, sin duda hay cuadros en los que los perros resultan determinantes.

El perro de los Arnolfini de Van Eyck

Quizá uno de los más conocidos sea un cuadro pintado en 1434 por Jan van Eyck, el famoso retrato de *El matrimonio Arnolfini*. Van Eyck, uno de los grandes pintores de la Escuela Flamenca, coloca entre el marido y la esposa un pequeño grifón.

Me entusiasma este cuadro de Jan van Eyck porque está repleto de detalles de la vida cotidiana de sus protagonistas. Siempre me llamó la atención la dulzura y la belleza de la dama frente a lo poco agraciado que era su marido, lo que me lleva a imaginar que ella se vio abocada a ese enlace. En aquella época los matrimonios concertados y de conveniencia eran habituales. Puede ser que en este caso esté equivocada, pero ¿quién sabe?

Van Eyck retrata lo que ve, y se detiene en los detalles, tanto que nos da una idea precisa de cómo era el entorno en el que vivían las clases pudientes de su época. Y la presencia del grifón según los expertos era signo de ese bienestar material.

Les confieso que la primera vez que vi el cuadro pensé que era tan realista que el grifón no salía muy favorecido, o al menos a mí no me lo parecía, pero con el tiempo he ido cambiando de opinión y al fijarme con más precisión en la mirada del perrito no solo vislumbro su ternura, también le encuentro hasta guapo.

Los perros de Tiziano

Hay dos cuadros de Tiziano en los que el pintor destaca la presencia de un can. El primero, el impresionante retrato de Carlos V, en el cual la mano del rey reposa sobre la cabeza de un perro, al parecer un perro de caza inglés.

Pienso que la presencia del perro humaniza al emperador. Ignoro si a Carlos V le gustaban los perros o eran meros compañeros de cacería, pero en ese cuadro Tiziano parece pretender reflejar cierto halo de afecto por la manera en que la mano real se posa sobre el cuello del perro. Pero a lo mejor es que he dejado volar la imaginación y prefiero creer que el emperador apreciaba a su perro.

También me resulta conmovedor el perrito que yace a los pies de *La Venus de Urbino*. Sin duda, uno de los cuadros más conocidos y representativos del pintor veneciano, que tengo entre mis favoritos. A veces pienso que me gusta «escaparme» a Venecia por la posibilidad de ver Tizianos en iglesias recónditas lejos del fragor del turismo.

Grupos de perros de Brueghel el Viejo

Hay dos cuadros de Jan Brueghel el Viejo que me gustan especialmente: su *Diana cazadora,* y sobre todo su *Estudio de perros,* donde abundan los galgos.

No han sido pocas las ocasiones en que me he sentido tentada de «adoptar» un galgo. Es recurrente que año tras año aparezcan en las noticias de sucesos galgos encontrados ahorcados por sus dueños porque ya no les sirven para sus fines.

Me alegro de que se haya ido endureciendo la ley de protección de los animales porque los desalmados que asesinan a sus perros no merecen otra cosa, además del desprecio, que se los castigue por el crimen cometido.

Recuerdo un día que estaba con Argos en la clínica veterinaria en vísperas de que le operaran de displasia, y en la sala de espera había una joven con un galgo pegado a sus piernas mientras ella le acariciaba. Me impresionó su mirada de tristeza. Ella me explicó que lo había adoptado. Era un superviviente. Lo habían encontrado colgando de un árbol a punto de morir asfixiado. Sentí una rabia profunda y pensé que el que había intentado perpetrar semejante crimen debería estar entre rejas.

Le pregunté si podía acariciar al galgo y me dijo que sí, pero que acercara la mano lentamente porque tenía miedo a los humanos. Comprendo su miedo después de la terrible experiencia de haber estado a punto de perder la vida a manos de un desalmado.

Si se preguntan por qué no he adoptado un galgo, la respuesta es que ya no tengo edad ni energía para darle los cuidados que se merecería. Los galgos necesitan hacer mucho ejercicio y actividad al aire libre.

Y ya lo siento, porque el galgo es un perro cariñoso, afable, juguetón y, según los veterinarios, es una raza de una nobleza extraordinaria.

Pero en esta etapa de mi vida no podría dedicarle el tiempo que necesita para correr y trotar al aire libre.

Eso sí, me consuela que mi sobrino Javier haya adoptado a una galga a la que llama Lola, salvándola de una muerte segura.

Javier y Carla, su novia, están decididos a que Lola supere los muchos traumas que arrastra por los estragos de los malos tratos recibidos. Se muestra nerviosa y desconfiada con los humanos hasta que comprende que, los que ahora nos acercamos a ella, es para hacerle una caricia o un mimo.

Perros y niños de Sofonisba

No quiero pasar por alto un cuadro que siempre me ha resultado inquietante firmado por Sofonisba Anguissola, una de las grandes figuras de la pintura del Renacimiento, aunque han tenido que pasar unos cuantos siglos para que se reconozca su talento. No es que no fuera «conocida» en su época, lo era, pero con el paso del tiempo su nombre se fue difuminando entre la fama de otros pintores masculinos. Ya saben: hasta ahora los hombres han contado la Historia, y eso los ha llevado a centrarse en sí mismos y, en muchos casos, a ignorarnos a nosotras. Pero vuelvo a Sofonisba Anguissola.

Su mirada de la realidad no obvió la presencia de los perros en la vida cotidiana, de manera que nos ha legado unas cuantas obras en las que estos son también protagonistas. A mí me inquieta *El heredero*, la figura de un niño, o más bien un adolescente, junto a su perro.

No, no me inquieta el perro, me inquieta la mirada del niño. En la mirada del perro hay nobleza, pero en la del niño...

Otra de sus pinturas es *Juego de dados*, donde vemos a tres niños jugando con los dados y un cuarto inclinado sobre un perro, con la cabeza y las orejas oscuras y el resto del cuerpo blanco.

Es un cuadro que los críticos califican de «naturalista», acaso por el realismo con que Sofonisba pinta a los niños. Se los ve sonrientes, felices jugando.

Quiero creer que a Sofonisba le gustaban los perros, puesto que aparecen también en *Tres niños con un perro*. Dos niñas flanquean a un niño que tiene en sus manos a un perrito blanco de orejas color canela.

Mastines reales de Velázquez

Claro que sin duda es el nombre de Diego Velázquez el que brilla con una luz especial en el Parnaso de la pintura. En algunas de sus obras aparecen mastines, los perros favoritos de la familia real, ya que eran compañeros de caza habituales de los reyes.

El realismo que Velázquez imprime en sus retratos le lleva a mostrarnos el «alma» de sus «retratados». Como en el cuadro de Felipe IV que podemos ver en el Museo del Prado. Junto al rey, con rostro bobalicón, su mastín, con mirada inteligente y cansada. Es evidente que la mirada del pintor refleja su aprecio por los perros mientras que se muestra implacable a la hora de retratar a los reyes.

Pero siendo un cuadro importante el de Felipe IV, *Las meninas* es el culmen de su genialidad.

Velázquez retrata lo que parece una escena en la que vemos al rey y su esposa, Mariana de Austria, reflejados en un espejo; la infanta Margarita, sus dos meninas: María Agustina Sarmiento e Isabel de Velasco, su dama de honor Marcela de Ulloa, los enanos Mari Bárbola y Nicolasito, el aposentador de la reina José Nieto, y el propio pintor, además del mastín que ocupa un lugar destacado en la pintura.

El perro parece absorto en algo o en alguien y Velázquez hace evidente la nobleza en su porte y su mirada. Ignoro si al artista le gustaban los perros o para él eran parte del decorado que acompañaba a la realeza y a la nobleza de la época.

No es el único mastín que aparece en un cuadro de Velázquez. Supongo que no será porque el pintor sentía predilección por esta raza de perros, sino porque eran habituales en las cacerías de reyes y nobles.

En realidad, la presencia de los mastines da prestancia a los «retratados».

Mi primo Juan Antonio tiene tres mastines y cuando eran cachorros parecían peluches, pero a día de hoy se han convertido en perros que imponen, aunque, como dice el refrán, no hay que fiarse de las apariencias, porque son juguetones y cariñosos.

Los mastines de mi primo tienen la suerte de vivir felices en el campo, allá en la sierra de Cazorla.

En mi peregrinar para adoptar un perro he sentido, al igual que me pasa con los galgos, la tentación de traer a casa un mastín. Sé que los perros de tamaño grande son los que más dificultades tienen para ser adoptados y que la mayoría no logrará salir de la entidad protectora que se haya hecho cargo de ellos. Pero creo que para adoptar un perro hay que ser responsable y no dejarse llevar por la emoción de un momento, sino tener en cuenta la situación y los medios de los que se dispone para incorporar un nuevo miembro a la familia.

Si yo tuviera una casa en el campo, sin duda adoptaría perros grandes, pero vivo en un piso y, además, no tengo la fuerza física y el tiempo que requieren los perros grandes. No es una disculpa, es la descripción de una realidad. De ahí mi empeño, en esta etapa de mi vida, de adoptar un perro de tamaño pequeño o mediano al que incluso me resulte fácil llevar en mis viajes.

Pero vuelvo a Velázquez, que además de mastines nos dejó un cuadro, *El retrato del príncipe Felipe Próspero*, en el que aparece un perrito faldero.

Teniendo en cuenta que el infante tenía una pésima salud, no es de extrañar que le acompañara un perro pequeño. Dicho sea de paso, el perrito tiene un rostro triste y simpático. ¿Le trataría bien el infante? A los miembros más recientes de mi familia, la pequeña Alba sin ir más lejos, le repito hasta cansarla que Bimba, la chihuahua que le han regalado, no es un juguete. No sé si tengo demasiado éxito en mi filípica porque Alba la tiene como compañera de juegos y lo mismo insiste en disfrazarla que en peinarla.

Retratos de perros de Potter

Me van a permitir dar un salto geográfico, pero en la extraordinaria pinacoteca que es el Hermitage de San Petersburgo, entre sus muchas pinturas se encuentra la de un perro que produce un cierto estremecimiento. El cuadro lleva por título *Perro guardián*, y en él aparece un can atado con una cadena.

El cuadro está firmado por Paulus Potter y hace unos años pudimos verlo en Madrid en una exposición organizada por el Museo del Prado en la que se exhibieron algunas obras del Hermitage.

La obra es de un realismo que remueve por dentro. El perro aparece delante de una casucha en el campo, acaso por eso no está «limpio» ni reluciente. A mí me impresionó la cadena que lo sujeta desde el cuello y cómo en su mirada el pintor logra reflejar la tristeza de quien carece de libertad.

Es uno de esos cuadros que te producen una sacudida de tan real que es el perro que aparece en él, porque desgraciadamente esa obra es un reflejo de la realidad en la que viven tantos perros: atados sin miramientos. Seguro que, al igual que yo, han visto en muchas ocasiones, en especial en zonas rurales, a perros atados a la cerca de una casa y en sus miradas el reflejo de la tristeza y, sobre todo, desesperación. Desgraciadamente, hay quienes lo justifican diciendo «es un perro» o «es un animal», como si eso les diera patente para el maltrato.

Potter, neerlandés, es uno de los grandes «retratistas» de animales, sobre todo de perros.

En los cuadros de este pintor los animales son los protagonistas, no meros comparsas.

Otro cuadro «famoso» de Potter es *Un spaniel*, en el que retrata a un spaniel blanco y canela realmente precioso; parece que en cualquier momento se va a poner a brincar y a saltar del lienzo.

Perro nebuloso de Rembrandt

Un lienzo inquietante es *La ronda de noche* de Rembrandt, que se encuentra en el Rijksmuseum. Es uno de sus cuadros más importantes y seguro que me «cae» alguna bronca por destacar algo que a mí me llama la atención: la figura nebulosa de un perro que aparece en el lado inferior derecho.

El perro parece perdido entre las piernas de los «hombres de armas», y al verlo yo me pregunto si es que se «coló» entre ellos o pertenecía a alguno de los protagonistas del cuadro. Pero su imagen es tan difusa que puede que Rembrandt empezara a pintar al perro y luego se arrepintiera y lo dejara convertido en nebulosa.

Busquen algún reportaje sobre este cuadro, se han publicado muchos, y ya me dirán si les sorprende o no la aparición del perro.

Nada que ver con la claridad que muestra un perrito minúsculo en brazos de una dama en una pintura firmada por Frans van Mieris colgada en el Museo Thyssen de Madrid. El cuadro lleva por título *Retrato de una dama con un perro en el regazo*. Pues eso.

Acaso me llamó la atención la mirada simpática y resignada del perrito, al que supongo «bien tratado» por la «dama».

El perro con el Niño de Murillo

Pero más me llama la atención *La Sagrada Familia del pajarito* de Bartolomé Murillo, donde aparecen la Virgen, San José, el Niño Jesús y un pequeño perro blanco con una patita levantada delante del Niño. ¿Cómo se le ocurriría a Murillo tamaña composición? El cuadro desprende ternura; en definitiva, es un niño encantado con un perrito, como les suele pasar a la mayoría de los niños.

No es que no hubiera perros en tiempos de Jesús, haberlos haylos desde el principio de los tiempos, pero convendrán conmigo en que la presencia del perrito junto a Jesús nos lo hace parecer y sentir más humano. La imagen de un niño junto a un perro se viene repitiendo a lo largo del tiempo, de manera que ¿por qué no iba Jesús a juguetear con un perro?

Tantos perros y tantos pintores

¡Son tantos los cuadros donde aparecen perros! De manera que espero que me disculpen quienes no vean reflejados en estas páginas cuadros sin duda importantes, pero a los que no me refiero. Vuelvo a insistir en que este es un «viaje» personal y solo me detengo en aquellas obras que por distintos motivos me han dejado huella. Por eso ahora quiero mencionar una pintura de Renoir: *Mujer con perro*. Me encanta este cuadro, supongo que porque el impresionismo se encuentra entre mis escuelas pictóricas favoritas.

O el *Bob* de Manet, un perrito despeluchado, muy serio, que parece que está posando para el pintor. ¿De quién era Bob? ¿Acaso del propio Manet? Desde luego demostró paciencia dejándose retratar.

Otro cuadro que me resulta interesante es *Mujeres con perro* de Pierre Bonnard. Bonnard formaba parte de ese grupo de pintores que se denominaban los «nabis», que apostaban por la subjetividad a la hora de representar lo que había a su alrededor. En *Mujer con perro* Bonnard retrata a su hermana y a su prima.

También algunos de la estadounidense Mary Cassatt, enamorada de Francia, que formó parte del círculo impresionista. Sus pinturas reflejan la vida cotidiana de su tiempo, en el que la relación madre-hijos, la naturaleza y los animales son temas recurrentes.

Una obra que quiero destacar está pintada por Toulouse-Lautrec. Nadie como él «retrató» el París de finales del siglo XIX y uno de sus cuadros más destacados es *Mujer con un perro*.

Paul Gauguin también en uno de sus lienzos, creo que se denomina *Arearea*, coloca un perro rojo cerca de dos mujeres que se encuentran sentadas en el suelo. La verdad es que el perro rojo me resulta estremecedor. Hay algo en él que me asusta.

Prefiero sin duda *Retrato de un Jack Russell* pintado por nuestro genial Joaquín Sorolla, u otro también del mismo autor que lleva por título *Señora y perro en la playa*.

El que siempre me ha provocado desasosiego y aun reconociendo su valía no me gusta es el cuadro de Cassius Marcellus Coolidge *Perros jugando al póquer*. Siento rechazo por esta y otras pinturas del mismo autor en las que los perros parecen gángsteres. En ocasiones es difícil disociar el reconocimiento de la genialidad de los propios gustos y emociones.

Sin duda Cassius Marcellus Coolidge tiene un lugar merecido entre los grandes pintores. Y sus «perros» tienen su aquel, pero a mí no me gusta. Ha intentado reflejar en ellos algunos de los vicios de los humanos. O acaso, lo único que ha buscado es provocar y su provocación, convertida en genialidad, lo ha llevado a ser un pintor de culto cuyas obras valen millones.

Me resultan encantadores los cuadros de Norman Rockwell donde los perros forman parte de su imaginario a la hora de retratar la vida cotidiana.

Asimismo, me interesan y me resultan inquietantes las pinturas de Paula Rego donde, en algunas, también aparecen perros. Al igual que en las de Frida Kahlo. En su autorretrato se pinta con su perro Xólotl y también en otras obras aparecen los xoloitzcuintles, que son los perros prehispánicos, sin pelo, netamente mejicanos. Cuentan que su función era guiar a las almas a través del inframundo. Los animales, en general, y estos perros, en particular, están presentes en su vida y también en su imaginario pictórico. Y he de reconocer que me impresiona verlos en sus cuadros adornados de flores y perifollos.

Me encanta Miró, ojalá tuviera dinero para comprarme uno de sus cuadros. *Perro ladrando a la luna* es uno de mis favoritos. Y sí, si pudiera también me compraría el perro salchicha dibujado por Pablo Picasso que se encuentra en el Museo de Orsay. En la simplicidad de sus trazos aflora la genialidad del malagueño.

Picasso sentía «pasión» por Lump, su teckel, compañero de vida, al que inmortalizó en numerosos cuadros. Pero, según leí en la revista *AD*, por la vida del pintor también pasó Yan, un bóxer. Aunque al parecer fue Lump quien ablandó al hombre que parecía tener el corazón tallado en piedra.

Andy Warhol (otro salto en el tiempo), que era un enamorado de los gatos, terminó conquistado por Maurice, un perro salchicha al que inmortalizó en uno de sus cuadros más renombrados junto a los de Marilyn, la sopa Campell o Brillo Box.

A mí me encantan las orejas de Maurice y su mirada de perplejidad. Supongo que vivir con Warhol debió de resultarle la mar de entretenido. El pintor le llevaba a todo tipo de fiestas y eventos, viajes incluidos. Maurice es, sin duda, uno de los perros más famosos en la Historia de la Pintura contemporánea.

¡Ah!, y no puedo dejar en el tintero a uno de los grandes pintores mejicanos: Rufino Tamayo. Los perros formaron parte de su vida. *Perro de luna* es uno de los cuadros más bellos de los muchos que pintó. En realidad, llevó a los lienzos a muchos canes, puesto que sentía amor por ellos. Bien por Tamayo. Y bien por David Hockney, que también sentía debilidad por los perros e inmortalizó a sus dos teckels, Stanley y Boodgie, en algunos de sus cuadros.

Y ya puesta quisiera mencionar también las esculturas del genial Jeff Koons.

Que los perros sean protagonistas y coprotagonistas de numerosas obras de arte viene a reafirmar lo que han significado para el hombre: son esos compañeros de vida cuya presencia es permanente en la Historia de la Humanidad.

Precisamente cuando estaba escribiendo estas líneas me llamó mi amiga Pilar Cernuda:

—Creo que tengo una perrita para ti.

Estoy segura de que, al oírla, se me iluminó el rostro.

Y es que con Pilar he compartido mi desesperación ante la dificultad para poder «adoptar» un perro, por más que he rellenado cuestionarios, he hecho multitud de llamadas telefónicas, amén de dar la lata en los centros veterinarios donde trataron a Tifis y a Argos.

Otra amiga, en uno de esos días de tristeza por la falta de respuestas de las protectoras a las que llamé a su puerta, me aconsejó rotunda: «Deja ya de lamentarte y vete a un criadero y compra un cachorro».

Será cabezonería, el caso es que mi empeño es dar una segunda oportunidad a algún perro que haya tenido mala suerte en la vida. De manera que la llamada de Pilar fue como abrir una puerta.

Pero volviendo a Pilar, ella le había comentado a la veterinaria de su perrita Afro mis dificultades para adoptar y esta le dijo que conocía una criadora de schnauzers a la que no le importaría entregar a una de sus «paridoras» a una familia que la tratara bien. La perrita había pasado por una operación delicada en el último parto y ya no podría tener más cachorros. Al parecer, durante ese embarazo había sufrido la mordedura de otro perro.

—¡Yo! —grité—. Yo puedo darle una familia.

Les confieso que, dada mi falta de interés por las razas, no tenía ni idea de cómo era una schnauzer.

Busqué en Google y vi asomarse a la pantalla unos cuantos perritos de esa raza que me parecieron la mar de simpáticos con sus bigotes característicos.

A través de Pilar conseguí una cita con la criadora. Hablé con ella por teléfono y me explicó que criaba estos perros sobre todo por afición, más que por negocio. Quedamos en que iría a conocer a la perrita. Me explicó que la adopción no podía ser inmediata, puesto que había sufrido un percance en su último parto, la habían tenido que operar y no estaba en condiciones de ir a ninguna parte. Podía ir a verla, pero no llevármela hasta que no estuviera recuperada. Tuve la tentación de protestar y asegurarle que me sentía más que capaz de cuidar a la perrita, pero no lo hice, consciente de que si la criadora insistía en que necesitaba recuperarse de la operación era por algo.

Unos días después Carmen, propietaria del criadero de schnauzers, me dijo que podía ir a visitar a la perrita y le pedí a mi prima Mercedes que me llevara hasta la finca situada en la sierra madrileña para conocer a la que ya estaba segura de que iba a ser mi próxima compañera de vida.

El destino es como es y, cuando llegamos a la finca y aparcamos el coche, un grupo de perritos empezaron a correr hacia nosotras: la primera en llegar fue una perrita de color grisáceo (sal y pimienta) y tamaño pequeño a la que cogí en brazos. Carmen, la criadora, me dijo:

—Esta es Barbie, la perrita de la que te he hablado.

Me puse la mar de contenta: Barbie me había elegido. Había salido a mi encuentro y corrido más que el resto.

Carmen nos invitó a adentrarnos en el porche de la casa, donde cachorros y perros mayores corrían y jugaban mientras Barbie se quedaba en mi regazo recibiendo caricias y mimos.

Haré otra confesión: pregunté a Carmen por qué le había puesto de nombre Barbie, y se encogió de hombros al explicarme que a las perritas que nacieron en la camada de Barbie las habían bautizado a todas con nombres que empezaban por «B».

El nombre de Barbie «levantó» más de una

ceja, amén de sonrisas suficientes, entre mis amigos e incluso algunos miembros de mi familia.

«Tienes que cambiarle el nombre». «A ti no te pega tener una perrita que se llame Barbie». «Qué van a pensar de ti si te escuchan llamarla con ese nombre…». «Tú eres feminista… vas a quedar fatal».

Lo cierto es que ni por un momento dudé de que Barbie seguiría llamándose Barbie, y que por muy bien intencionados que fueran los «consejos» de quienes me insistían en que ese no era un nombre para una perrita que me acompañara, mi decisión era irrevocable.

Muchos prejuicios forman parte de la «mirada» de los otros, y en el caso de Barbie el prejuicio por el nombre me resultaba insoportable.

Que si la «muñeca» Barbie era el reflejo de estereotipos, que si ha dado lugar a la construcción de un canon de belleza inalcanzable para la mayoría de las mujeres, belleza que además se corresponde con los cánones de las mujeres blancas, y que por su vestimenta es evidente que forma parte de una élite social, etc. Yo sí que estoy harta de discursos estereotipados.

De manera que cuanto más me intentaban convencer de que le cambiara el nombre, más me reafirmaba en mi decisión de que Barbie siguiera llamándose Barbie.

No imaginan la de «conferencias» que me han dado mis amigos bienintencionados sobre el nombre de Barbie. Algunos, en un intento de no juzgarme demasiado negativamente, encontraban algún eximente como que en los últimos años ha habido Barbies de otras razas, que incluso ya no está tan clara su sexualidad, que gracias a la película que protagoniza Margot Robbie y ha dirigido Greta Gerwig se puede hacer otra lectura de tan famosa muñeca.

Sí, he recibido unas cuantas «conferencias» gratuitas, y desde luego ni esperadas ni deseadas, sobre que gracias a la película podía encontrar un eximente a la hora de llamar a Barbie, Barbie.

Una amiga se esforzó en liberarme de culpa contándome con detalle que la intención de Greta Gerwig había sido explicar que mujeres y hombres formamos parte de un todo y que nos complementamos, que es igual de reprobable el machismo que el feminismo que no tiene en cuenta a los hombres.

Otra amiga me quiso «consolar» diciéndome que como Barbie es una muñeca nacida años después de la Segunda Guerra Mundial, momento en el que las mujeres se incorporaron masivamente al ámbito laboral, en realidad representaba a las mujeres empoderadas (término que me repatea, porque se ha puesto de moda).

Y otra me «insistió» (por si no me había dado cuenta) en que la película es una invitación a los hombres para que reflexionen sobre su papel en la sociedad.

En fin, que el que Barbie se llame Barbie ha supuesto un terremoto en mi ámbito personal. Quizá por eso, como soy cabezota, estoy encantada de que Barbie se llame Barbie. El problema no es de Barbie ni mío, el problema está en la cabeza de los otros, en este caso sobre todo de las «otras». Confieso que fue entonces cuando decidí comprarle un collar y una correa rosa más que nada por fastidiar. Dicho sea de paso, el rosa es mi color favorito. Mi madre solía decirme que me sentaba bien.

Barbie todavía no ha llegado a casa, cuento los días esperando a que se recupere de la operación para que venga a vivir con nosotros.

Pienso en cuánto sentirá separarse de sus cachorritos, pero sé que todos ellos están destinados a formar parte de otras familias y tengo el propósito de hacer que la vida de Barbie sea la mejor posible. Cuidados, mimos y cariños no le van a faltar.

Pero mientras llega Barbie, continúo con este recorrido tan personal por las muchas ocasiones en que me he sentido conmovida por las historias de tantos héroes de cuatro patas.

No hay animal más leal que un perro. Puedes contar con ellos hasta la muerte. Te lo dan todo a cambio de nada.

Héroes peludos

Son muchos los perros que a lo largo de la Historia han tenido comportamientos heroicos. Perros que han estado en los frentes de batalla, o se han jugado la vida rescatando a montañeros perdidos, o a personas en incendios, en el mar, capaces de husmear bombas, etc.

Las hazañas de algunos canes han sido llevadas al cine, pero la realidad es que son solo un tenue reflejo de las heroicidades protagonizadas por nuestros amigos peludos.

Recuerdo que siendo yo jovencita, una madrugada que regresaba a casa me topé en la calle con un tipo que se me acercó con evidentes malas intenciones. La verdad es que me entró un ataque de pánico y no fui capaz ni de echar a correr. Pero cuando el hombre ya estaba a dos pasos de mí, de repente unos ladridos le llevaron a quedarse quieto. No sé por dónde ni cómo, pero entre el tipejo y yo se había colocado un perro con el lomo lleno de heridas.

El tipo se quedó parado, supongo que pensó que aquel perro le iba a dar un mordisco. Yo, agradecida, también lo pensé.

El perro ladraba con tanto ímpetu que el tipejo se asustó y dio marcha atrás. Y allí nos quedamos Curro y yo.

No sé por qué, pero le empecé a llamar Curro y él aceptó el nombre sin rechistar. Cojeando, me acompañó hasta el portal de mi casa, y cuando estaba metiendo la llave lo miré y supe que ya no nos íbamos a separar.

Mi madre, como suelen hacer las madres (desde luego yo también lo he hecho), me estaba esperando preocupada por la tardanza y no pudo evitar sorprenderse cuando vio a mi acompañante.

La verdad es que Curro, además de las heridas, estaba muy sucio, y no era muy agraciado. Pero entre las dos le dimos un baño, le curamos como pudimos y desde ese momento pasó a ser un miembro más de la familia. Al día siguiente lo llevamos al veterinario y, aunque las heridas fueron cicatrizando, la cojera le acompañó para siempre.

Nunca sabré qué le impulsó, aquella madrugada, a defenderme. Lo que sí sé es que se comportó como un valiente. Vivió con nosotras muchos años, y siempre le recordaré. Lo quise mucho. Es mi héroe favorito.

Sigo adelante. Siento cierta debilidad por la historia de Barry, acaso porque se trata de un perro San Bernardo, y como ya he contado, mi primera amiga fue Yola, una San Bernardo que guardaba mi sueño a los pies de la cuna.

Sé que en casa de mis abuelos tuvo una vida feliz: una familia numerosa, que la cuidaba y mimaba y la respetaba. Mi abuela no dejaba de repetir que un perro no es un juguete y que Yola no estaba con nosotros para «divertirnos», sino que era un miembro más de la familia.

Una enseñanza que me ha acompañado a lo largo de mi vida y por eso no me canso de expresar mi indignación ante quienes «compran» cachorros a sus hijos como si de un juguete se tratase.

Suelo pasar una parte del verano en Andalucía y me duele la cantidad de perros abandonados que andan por las playas y los paseos marítimos, perros que formaron parte de una familia hasta que decidieron deshacerse de ellos. Verlos vagar asustados me produce una profunda indignación. Muchos son perros de «raza», otros, fruto de mezclas, y todos ellos llevan en la mirada el dolor y el estupor de haber sido abandonados.

No dejo de preguntarme, sé que lo he repetido a lo largo de este texto, qué clase de gente es la que abandona a un perro o a cualquier animal. Yo nunca me fiaría de semejantes personas a las que considero malvadas sin eximentes.

Cada vez que veo a un perro abandonado aviso al veterinario más cercano o a alguna protectora. Ojalá tuviera medios y espacio para llevarlos a todos a casa.

Pero sigo adelante con la historia de los «héroes peludos».

Barry en los Alpes

Barry nació allá por 1800 en un hospicio del paso del Gran San Bernardo de los Alpes suizos. Y según he leído, fue su lugar de nacimiento lo que dio nombre a los perros como él: perros fuertes, grandes peludos capaces de aguantar las bajas temperaturas en las montañas.

En Suiza, y en tantos lugares montañosos, los pasos de montaña eran y son peligrosos, pero esos pasos eran los que comunicaban los pueblos. Parece que desde el siglo XVII, tanto los monjes como los habitantes de las montañas empezaron a servirse de los perros para que los acompañaran y ayudaran en esas travesías peligrosas, y estos empezaron a sortear con éxito los riesgos del camino y desarrollaron unas cualidades especiales para encontrar a personas perdidas en las montañas.

Y según los expertos, Barry es el «padre», o el primer «padre» reconocido, de los San Bernardo y tiene en su haber la salvación de más de cuarenta personas perdidas en medio del frío y la nieve de las montañas suizas.

Pero quizá Barry fuera de raza Küherhund, que según parece eran los perros de esa zona. Fuertes, peludos y trabajadores.

En cuanto a lo que se sabe de Barry es que tenía un instinto extraordinario que le hacía especialmente eficaz a la hora del rescate. Si alguien se perdía en esa zona de los Alpes, Barry salía en su búsqueda y lo encontraba.

Hay diferentes versiones sobre su muerte. La que me pone los pelos de punta es que cuando fue en busca de un soldado perdido en las montañas, este le confundió con un lobo y le atacó con su bayoneta causándole una herida mortal. Y quienes insisten en esta versión refieren que hay un monumento en su honor en un cementerio de perros de París, donde sobre una lápida reza: «Salvó a cuarenta personas y lo mató la cuarenta y una». La próxima vez que vaya a París intentaré comprobarlo.

La otra versión es que tuvo una retirada digna de su esfuerzo y que fue acogido por unos monjes en un convento de Berna. ¡Qué menos! Prefiero creer que fue así. Lo que no me gusta tanto es que lo disecaran y que esté «visible» en el Museo Natural de Berna.

Perros exploradores

La primera vez que me contaron la expedición de Roald Amundsen en su apasionante desafío para alcanzar el Polo Sur, he de reconocer que, más que lo que hicieron este explorador y quienes le acompañaron, me sobrecogió el valor, la tenacidad y la lealtad de los perros, más de un centenar, que hicieron posible su aventura.

Es innegable la magnitud de la hazaña de Amundsen, pero…

Sin duda era un hombre con una personalidad intrincada, que en primer lugar competía consigo mismo porque había desechado de su vocabulario la palabra «imposible».

Pero la pregunta es «¿por qué?». Sí, porque necesitaba ser el «mejor», el que era capaz de ir más allá de los límites humanos.

Algunos de sus biógrafos cuentan que cuando era adolescente dejaba las ventanas de su habitación abiertas para «acostumbrar» su cuerpo al frío. Y en Noruega el frío no es para tomárselo a broma. Yo viajé allí un verano, concretamente en agosto, e iba vestida de «verano». Lloviznaba y hacía frío, aunque la gente con la que me cruzaba iba en manga corta y sandalias. Decidí que por más que en el calendario era agosto, en la realidad la temperatura era otoñal. Me metí en una tienda de la que salí con unas deportivas, varios pares de calcetines, pantalones largos, sudaderas y un chubasquero con la bandera de Noruega. La vendedora me dijo que no tenían prendas de abrigo en esa época del año y que el chubasquero con la bandera lo solía vender a los turistas, que es exactamente lo que yo era. No me compré un abrigo porque sin duda habría hecho el ridículo o hubieran pensado que era una excéntrica.

Pero me he despistado, regreso a Amundsen. No se trata de contar su vida, sino de referirme a los perros que hicieron posible su aventura y por cuyo sacrificio alcanzó la gloria.

Pero un apunte más: parece que a Amundsen le estimuló su instinto competitivo. No es el primer hombre ni el último que siente ese impulso competitivo. Cuando tenía dieciocho años se quedó obnubilado ante la hazaña de Fridtjof Nansen atravesando Groenlandia. Según sus biógrafos, eso es lo que le motivó a dedicarse al «oficio» de explorador e intentar hacer lo que otros no hubieran hecho jamás.

Y como era muy competitivo, cuando se enteró de que el irlandés Ernest Henry Shackleton lideraba una expedición a la Antártida, decidió que seguiría sus pasos; el explorador irlandés no culminaría su hazaña, quedándose a ciento noventa kilómetros del Polo Sur.

Shackleton ya tenía experiencia en esas lides, puesto que antes, entre 1901 y 1904, había formado parte de otra expedición, la comandada por el oficial británico Robert Falcon Scott.

En realidad, Amundsen compitió contra los dos británicos en su afán de ser el primero en llegar a los confines del Polo Sur. Aunque... Creo que este tipo de hombres compite contra ellos mismos; necesitan conocer sus límites porque creen carecer de ellos.

Pero la expedición de Shackleton no culminó su objetivo, acaso porque en él primaba la seguridad de quienes le acompañaban mientras que cuando Amundsen inició su aventura estaba decidido a sacrificar lo que hiciera falta, hombres y perros incluidos, con tal de hacerse con la gloria. Amundsen se propuso que lo que no había logrado el irlandés lo conseguiría él y así fue: el 14 de diciembre de 1911 llegó a los límites del mundo. Ya he dicho que competía contra sí mismo, y en esa ocasión lo hizo también contra Robert Falcon Scott, que había iniciado la expedición antes que él. Amundsen navegaba en el Fram, Scott en el Terra Nova.

De nuevo había entre los dos exploradores una diferencia: Amundsen estaba dispuesto a sacrificar a quien fuera necesario para culminar su hazaña; Scott, no. El británico y sus compañeros de aventura perdieron la vida en el empeño.

Durante la expedición, Amundsen y sus compañeros, los hombres y los perros esquimales que iban con él, soportaron temperaturas de sesenta grados bajo cero. La aventura comenzó con cincuenta y dos perros de los que sacrificaría a veinticuatro, y escribo que los sacrificó porque esos veinticuatro sirvieron de alimento al resto. Perro sí, comió perro.

Cuando leí este capítulo de su aventura sentí un rechazo inmediato por Amundsen. Sin duda, fue un «organizador» genial decidido a culminar con éxito su aventura y para ello sabía que los perros le resultarían esenciales.

Una perra de nombre Etah era la líder de la manada, pero el verdadero jefe era el mismísimo Amundsen, que era conocedor de la enorme dependencia que tendrían de los perros y, por tanto, estos no podían dudar de que debían lealtad a un único jefe: él.

En fin, no ocultaré que si bien la hazaña de Amundsen fue extraordinaria, para mí queda ensombrecida por su decisión de sacrificar a veinticuatro de sus fieles perros esquimales.

No se lo merecían. Amundsen obtuvo la gloria en buena parte gracias al sacrificio abnegado de sus acompañantes caninos. Espero que las pesadillas le acompañaran el resto de sus días y se le apareciera el espíritu de sus leales perros.

De manera que cuando, guiada por Fermín y en compañía de Álex, visitamos en Oslo el navío Fram no sentí el entusiasmo de ninguno de los dos. El museo es una maravilla, sin duda, toda una experiencia, pero... Yo no podía dejar de «ver» a aquellos perros esquimales que con su muerte regalaron la gloria a Amundsen. Me preguntaba si la vida de aquellos leales héroes valía menos que la de los expedicionarios. Que cada cual elija su propia respuesta.

Balto y Togo, «La carrera del suero»

Sin duda, los perros de Alaska y de cualquier región sumida en los hielos son en muchos casos auténticos héroes. Lo fueron los perros de Amundsen y lo fue Balto, del que sin duda muchos han oído hablar e incluso creerán conocer, puesto que se hizo una película de sus hazañas. Desde luego para los niños neoyorquinos no es ningún desconocido porque hay una estatua de Balto en Central Park.

Precisamente yo supe de su historia la primera vez que fui a Nueva York y, paseando por Central Park, me encontré con su estatua. Naturalmente pregunté a unos amigos neoyorquinos que me acompañaban quién había sido ese perro y qué había hecho para merecer esa estatua.

La estatua se erigió por iniciativa de Cecilia Beaux, que fue junto con otros artistas quien se encargó de la recaudación de fondos.

Insistí en saber qué había hecho Balto y así me contaron una historia en la que había más héroes, no solo Balto, aunque este fuera quien se llevó la fama.

De manera que les hablaré de Togo, el líder de un equipo de perros que arrastraban el trineo de Leonhard Seppala, un inmigrante noruego buscador de oro. Y lo que sé de él lo leí en *National Geographic*, además de por la película *Togo*, protagonizada por Willem Dafoe en 2019.

En 1925, en Nome, un pueblo dedicado al comercio de pieles y oro situado en la costa oeste de Alaska, a orillas del mar de Bering, se desata una epidemia de difteria y carecen de los medicamentos adecuados para combatirla. La difteria afecta a los niños especialmente. ¿Cómo conseguir los medicamentos necesarios? Solo hay una manera: atravesar los hielos y enfrentarse a las inclemencias de las bajas temperaturas, las nevadas... Esos medicamentos debían llegar a Nome como fuera... y ese como fuera es lo que se denominó «La carrera del suero».

Nada más desatarse la epidemia empezaron a morir niños, los dos primeros iñupiaq, luego les seguirían otros muchos. En el hospital local carecían de los medicamentos necesarios, de manera que el médico, Curtis Welch, envió un telegrama desesperado: necesitaba un millón de unidades de la antitoxina. Pero era imposible llevar la medicación requerida debido a las condiciones climáticas, el puerto estaba congelado y no se podía volar por la imposibilidad de aterrizar. Recuerden que estamos refiriéndonos a 1925. ¿Cómo atravesar dos mil kilómetros con esas condiciones meteorológicas? En circunstancias normales se tardaba un mes. Y ahí es donde entró en acción Seppala, que por cierto no era ningún desconocido para Amundsen, ya que cuando decidió llegar al Polo Norte desde Alaska le encargó al noruego que le adiestrara a un grupo de perros para intentar llevar a cabo su hazaña.

Y a eso se dedicaba Seppala, que al parecer no había tenido éxito en la búsqueda de oro y había montado un «negocio» que consistía en transportar mercancías y a personas entre campamentos con sus trineos tirados por perros.

¿Cómo era Seppala? Imagino que un hombre de los que nunca dan un paso atrás, que no se rinde y que si fracasa en un empeño, emprende otro. De nuevo, uno de esos hombres que no se imponían límites.

Él conocía bien a aquellos perros capaces de sobrevivir en los hielos, ya fueran los malamutes de Alaska, los huskys o los perros siberianos.

Seppala participaba en las carreras de Alaska y ganó en tres ocasiones la All Alaska Sweepstakes, de manera que si alguien podía intentar la hazaña de viajar hasta Nome era él.

Togo llegó a la vida de Seppala siendo un cachorro, al parecer con una infección que casi lo mata, lo que hizo de él un perro más bien flacucho y nada espectacular, pero tenía una virtud: su lealtad absoluta a su dueño. Además de otra cualidad: sabía encontrar el camino más corto entre dos puntos. Pero, eso sí, Togo era un ser libre que iba y venía a su antojo. Se convirtió en su mejor perro guía y se hicieron inseparables. De manera que Seppala no dudó en embarcarse en el mayor y más peligroso de los retos: llevar los viales que salvarían la vida de los niños de Nome. Para ese momento Togo ya tenía doce años, era un perro en el ocaso de la vida, pero no dudó de que le sería imprescindible si quería culminar el empeño de llegar a Nome.

Y sí, Togo fue un héroe, y otro hombre, Gunnar Kaasen, con otro grupo de perros entre los que se encontraban Balto y Fox, también estaba decidido a llegar a Nome para llevar el suero. Solo que ellos estaban más cerca de esa ciudad. Pero el mérito de semejantes hazañas no se puede restar ni a unos ni a otros, es decir, ni a Togo ni a Balto y al resto de los perros, más de ciento cincuenta, que participaron en esa angustiosa «carrera del suero» tirando de los trineos.

El destino no se portó bien con Balto, que terminó siendo vendido al dueño de una especie de circo ambulante que le llevó de ciudad en ciudad como parte de un espectáculo. Balto sufrió malos tratos y murió en el zoo de Cleveland. No puedo dejar de aborrecer al dueño de ese circo. Espero que esté ardiendo en el Infierno.

La Universal hizo una película sobre Balto en 1995 y Disney se decantaría por Togo en 2019.

Togo está disecado y se le puede ver en el Museo Iditarod de Wasilla, Alaska.

Ambos son héroes indiscutibles, como el resto de los ciento cincuenta perros que participaron en la carrera del suero.

Buddy, una perra guía

Otra historia que merece ser conocida es la de Buddy, una heroína de las montañas reconvertida en perra guía. Según reza la historia de Buddy, allá por los años treinta del siglo pasado, un joven invidente norteamericano le pidió a Dorothy Eustis, una adiestradora de perros de la Cruz Roja que trabajaba en Suiza, que entrenara a un perro para que le sirviera no solo de compañía sino de guía. Dorothy Eustis eligió a una hembra de pastor alemán y puso todo su empeño en convertirla en una perra guía.

Y lo consiguió. Tanto es así que Buddy fue la primera perro guía de un invidente, y el éxito alcanzado por ella llevó a la señora Eustis a poner en marcha en Estados Unidos la primera escuela de perros guía. Todos sabemos de la inteligencia y lealtad de los perros que acompañan a invidentes, facilitándoles el poderse desplazar de un lado a otro, cuidándolos con dedicación plena. A mí me conmueven los perros guía, los admiro profundamente.

Jack y el río Tawe

Jack, un golden retriever de color negro, es uno de mis héroes peludos favoritos. Vivió también por los años treinta, en su caso en Swansea, una pequeña ciudad situada en Gales por la que atraviesa el río Tawe.

Por motivos familiares conozco Swansea, aunque he de decir que cuando estuve no tenía ni idea de la historia de Jack, sino que ha sido más tarde cuando me he topado con ella.

Jack vivía en los muelles y, al parecer, era muy sociable. Quizá en otras circunstancias, si hubiera tenido y vivido con una familia, en vez de a salvar personas se habría limitado a «sacar» aves del agua. Ya saben de la afición de los británicos por cazar patos, además de zorros.

Lo que nadie podía imaginarse es que ese perro que deambulaba por los muelles y subsistía como podía, en junio de 1931 «sacaría» a un adolescente del agua justo cuando la corriente del río lo arrastraba y se estaba ahogando. Al parecer los gritos del niño lo alertaron y él no se lo pensó dos veces: se zambulló en el río y lo rescató. Tiró del crío hasta dejarle sano y salvo en la orilla. Poco después también salvaría a otro nadador... y así hasta veintisiete.

Fue galardonado con dos medallas de bronce de la Liga Nacional de Defensa Canina, una medalla de plata del consejo de Swansea y una copa del alcalde de Londres.

El destino es injusto incluso con los héroes porque Jack murió de la peor manera posible: sin darse cuenta tomó matarratas. Tenía siete años y no, no merecía ese final el héroe de Swansea. Su tumba está en el paseo marítimo de la ciudad.

Laika, astronauta

Otra heroína fue Laika, la primera astronauta de la Historia. Una mestiza valiente, una perra callejera de tres años que habitaba en las calles moscovitas, a la que en 1957 los rusos mandaron al espacio en el Sputnik 2. El experimento le costó la vida debido a la falta de oxígeno mientras realizaba el «vuelo» sobre la órbita terrestre. A ella le han seguido otros canes en los viajes espaciales. Pero a mí siempre me ha conmovido el sacrificio de Laika. La imagino amarrada dentro del cohete, sola, asustada, sufriendo las consecuencias de la falta de gravedad… En fin, me duele pensar en ella. Me pregunto por qué no «probaron» la experiencia orbital quienes lanzaron el Sputnik. Y les diré que estoy en contra de la «experimentación» con animales y de su utilización para explorar el espacio o cualquiera de las cosas que se les ocurran a los que no se atreven a hacerlo ellos mismos.

Bruno

Sí, la maldad existe y campa por todas partes.

Mes de julio de 2025: los periódicos italianos llevan a sus portadas el asesinato de Bruno.

¿Quién era Bruno? Pues un héroe peludo de procedencia belga y raza Bloodhound. De fama internacional y con un olfato privilegiado para encontrar y rescatar a personas. Salvó a niños con discapacidad, a ancianos con Alzheimer y participó en toda clase de rescates fruto de cualquier catástrofe. Tan valiente era que en 2022 la primera ministra de Italia, Giorgia Meloni, lo condecoró con la Medalla al Mérito Militar.

Bruno vivía en el Centro de Adiestramiento de la Unidad Cinófila Endas situada en Tarento.

A Bruno un asesino desalmado se le acercó en el silencio de la noche tentándole con una salchicha que contenía una trampa mortal: clavos.

Bruno se la comió y murió desgarrado por dentro después de agonizar durante horas.

Su entrenador y cuidador Arcangelo Caressa es un activista en defensa de los animales y denuncia el tráfico de especies, peleas ilegales, maltratos, etc. Cree, y así lo ha dicho, que el asesinato de Bruno es una venganza contra él.

¿Saben? Espero que para cuando este libro vea la luz el asesino de Bruno esté entre rejas y arrastre en su conciencia, si es que tiene, el oprobio de haber quitado la vida a un ser bueno, valiente, abnegado y benéfico.

El nombre de Bruno ya está escrito con letras mayúsculas en la Historia de los héroes.

Y no solo espero que su asesino acabe entre rejas, lo que merece es arder en el Infierno.

Perros de guerra

Ya he contado en líneas anteriores la valentía de Péritas, el perro del Gran Alejandro, pero no es el único que ha participado en batallas.

Hace tiempo leí un interesante artículo, como todos los que firma J. M. Sadurní en *National Geographic*, sobre los perros como compañeros de guerra de los hombres desde el principio de los tiempos.

Según Sadurní, el ejército de Ptolomeo allá por el siglo II a. C. llegó a utilizar dos mil quinientos perros durante sus batallas.

Y entre los perros guerreros de la Antigüedad parece que los de raza moloso eran los preferidos por sus características físicas: cuello grueso, hocico achatado, mandíbulas temibles… ochenta o noventa kilos de peso. Los molosos procedían de Persia y combatían con sus ejércitos, cada soldado contaba con un perro.

Los canes conquistadores

Cuando los españoles llegaron a las costas de lo que hoy llamamos América, lo hicieron acompañados de mastines y alanos, estos últimos eran una mezcla de razas de perros de presa. Les protegían el lomo con tiras de cuero y el cuello con collares dentados. Sí, los perros siempre han acompañado a los hombres en todas sus vicisitudes, incluida la guerra.

Los perros, al igual que los caballos que viajaron a América, sin duda provocaron en los indígenas estupor y miedo, en primer lugar, porque les resultaban animales desconocidos, pero sobre todo por su fiereza. Al parecer, desde el segundo viaje de Colón, en 1493, la presencia de perros fue habitual en aquellos galeones en que se hacinaban los españoles que se lanzaron al mar en busca de las Indias, y que se toparon con un continente del que nada sabían. En ese segundo viaje acompañaron a los tripulantes veinte perros, entre mastines y galgos.

En un artículo publicado en *ABC Historia* y firmado por Manuel P. Villatoro, el autor da cuenta de los numerosos objetos que llevaron los españoles a las Indias, desde los arcabuces hasta las gallinas. Pero los perros tuvieron un protagonismo especial ya que, tal y como cuenta fray Pedro de Aguado, los canes se convirtieron en un arma inesperada y eficaz en los enfrentamientos entre los españoles y los indígenas.

En otro artículo de una publicación de la Universidad de Granada firmado por Alfredo Bueno Jiménez, este destaca una frase de uno de los «conquistadores», Bernardo de Vargas Machuca, que en 1598 se refería de esta manera a los perros que entraban en batalla: «Mucho teme el indio el caballo y el arcabuz, pero más temen al perro, que en oyendo el ladrido no para el indio».

De manera que los perros ocuparon un lugar destacado en aquellos años en que los españoles se internaron por el continente encontrado.

También de las hazañas perrunas da cuenta otro cronista, Bernal Díaz del Castillo.

Y he leído en alguna parte que Cristóbal Colón llegó a decir que un perro en combate valía tanto como diez hombres.

No es de extrañar, un perro es el mejor guardián, el que avisa cuando se acerca un extraño, el que está dispuesto a jugarse la vida con tal de salvar la de su amo. De manera que algunos soldados de los que fueron en los viajes a América se llevaban a perros que se convertían en un compañero de armas. Y no solo eso, los perros también eran hábiles a la hora de husmear dónde había algún animal al que poder cazar, con lo que contribuían a la dieta de los soldados. Claro que en ese artículo de *ABC* al que me acabo de referir, su autor también explica que si la caza no era fructífera y el hambre apretaba, los propios perros terminaban siendo cocinados. ¡No quiero ni pensarlo!

Becerrillo

Entre todos los canes que fueron a América hay uno cuyo nombre ha pasado a la Historia: Becerrillo. Confieso que nada sabía de Becerrillo hasta que, buscando en libros y artículos qué tipo de canes habían viajado al Nuevo Mundo, me topé con su historia. Era un perro de raza alana que unos historiadores aseguran que pertenecía a Ponce de León y otros que su dueño era el capitán, amén que hidalgo, Sancho de Arango, junto al que combatió con valor y lealtad hasta perder la vida.

Becerrillo, según Francisco López de Gómara, que documentó cuanto pudo sobre lo que sucedía en la nueva tierra, dejó descrito a este can como «bermejo, bocinegro y mediano». Pelaje castaño, hocico negro y tamaño mediano, era un perro vitalista y fuerte, valiente y arrojado.

A Becerrillo las crónicas de la época le sitúan combatiendo en Borinquen (actual Puerto Rico), y sobre todo día y noche atento para defender a su dueño de cualquier peligro que le pudiera acechar.

Fue un día de 1514 cuando el cacique Yaureybo plantó batalla cerca del poblado donde se encontraba Arango y los soldados españoles. La batalla fue sangrienta como lo son todas las batallas; los españoles lucharon con valentía al igual que los «caribes», uno de estos propinó un flechazo en el muslo de Arango. Becerrillo participaba en el combate y se lanzó a defender a su dueño y en su lucha desesperada no pudo esquivar una flecha que se incrustó en un costado y acabó con su vida.

Becerrillo debió de ser un «soldado» valiente y leal, tanto como para que figure en las crónicas de la época; lo que ya no sé si forma parte de la leyenda es que fue padre de un perro al que pusieron por nombre Leoncio y terminó perteneciendo a Vasco Núñez de Balboa.

Como dicen los italianos: *Se non è vero, è ben trovato*.

Las crónicas de la época aseguran que, en el caso de Leoncio, este parecía tener un sexto sentido a la hora de distinguir entre indígenas amigos o enemigos.

En realidad, todos los perros parecen saber cuándo se acerca a sus amos alguien con buenas o malas intenciones.

Otros perros con «nombre propio» son Amadís, un mastín que perteneció al conquistador Luis de Rojas, y Bruto, propiedad de Hernando de Soto.

En todo caso, en mi opinión, falta que se «cuente» más el papel de los perros españoles en América.

El sargento Stubby

Como este libro no es enciclopédico sino una recopilación de recuerdos y lecturas, me detengo en Stubby, del que supe leyendo sobre la Primera Guerra Mundial.

Stubby era un pitbull terrier americano y se convirtió en la mascota de un regimiento de infantería. He buscado en internet y al parecer «combatió» junto al regimiento 102.

¿Cómo llegó Stubby al ejército? Pues parece que un soldado, Robert Conroy, se lo encontró perdido y lo «adoptó» por las bravas, es decir, el perro estaba abandonado y se lo llevó. Es de suponer que el perro no llevaba collar, no pertenecía a «nadie», ya que posiblemente lo habían dejado a su suerte.

En algunos libros sobre la Primera Guerra Mundial hay fotos de Stubby y... la verdad es que era bastante feúcho, pero su mirada era de una nobleza total.

El caso es que el soldado Conroy se encariñó tanto de Stubby que cuando embarcaron a su regimiento rumbo a Europa no dudó en «camuflarle» y llevárselo. Debió de ser un perro muy especial porque no solo se ganó el corazón de aquel soldado que lo encontró, sino de todo el regimiento, oficiales incluidos.

Según la documentación que he encontrado sobre Stubby, participó en diecisiete batallas y se convirtió en un rastreador excepcional. Cuando un soldado quedaba en «tierra de nadie» o desaparecía en combate, Stubby lo buscaba, y así rescató a algunos soldados de su regimiento. Además, se hizo experto en detectar los gases que fueron una de las principales y más letales «armas» utilizadas en la Primera Guerra Mundial. Y no solo eso, ya saben que los perros tienen una extraordinaria capacidad auditiva, y «avisaba» a sus compañeros de la inminente llegada de obuses.

Stubby era tan listo que sabía distinguir perfectamente a los soldados de uno y otro bando, y en una ocasión no dudó en morder a un alemán. Me pregunto cómo pudo distinguirlo.

Sí, fue un soldado valeroso que salvó muchas vidas de los hombres de su regimiento y por eso recibió condecoraciones, además de ser ascendido a sargento. Aunque, en mi opinión, bien merecía haber sido nombrado cuando menos coronel.

Me alegra saber que murió años después apaciblemente mientras dormía. Sin duda se merecía una muerte tranquila.

Rags, el mensajero

Rags fue otro héroe peludo en la Primera Guerra Mundial. Su «descubridor» fue el soldado Donovan, que un día se encontraba en un bar de Montmartre y vio un montón de trapos que parecían moverse. Al acercarse vio a un terrier mestizo. Decidió adoptarlo y para que sus superiores aceptaran a Rags se le ocurrió decir que el perro era la mascota de la Primera División de Infantería.

Desde el primer día Rags demostró su valor en el «frente». Donovan le entrenó para que ayudara en las misiones de llevar mensajes de un lado a otro.

En 1918 Rags logró salvar la vida de Donovan y de otros soldados cuando la unidad de infantería de la que formaban parte fue rodeada por tropas alemanas dejándolos incomunicados del resto de su batallón. Pero Rags logró traspasar las líneas enemigas llevando un mensaje sobre su situación y pudieron ser auxiliados.

También era capaz de oír el silbido de los proyectiles antes de que dieran en el blanco.

Pero Rags y Donovan sufrieron los estragos de la guerra y resultaron heridos de gravedad. Rags sufrió heridas en las patas, ojo derecho, orejas... aunque las heridas de Donovan fueron de mayor calado. A ambos los trasladaron a Estados Unidos, al hospital de Fort Sheridan, pero el soldado no se recuperó y murió.

Rags se quedó allí como un soldado más y fue adoptado por un oficial, Raymond Hardenbergh, y su familia, que cuidaron de él hasta su muerte. Fue enterrado como un héroe y se levantó un monumento en su honor en el Aspin Hill Memorial Park de Silver Spring, Meryland. Un reconocimiento merecido.

Smoky y su efecto sanador

Hay otros muchos héroes de cuatro patas que han formado parte de unidades del ejército combatiendo con valor. Incluso una perrita yorkshire de nombre Smoky que combatió en la Segunda Guerra Mundial.

Su historia tiene cierto paralelismo con la de Stubby.

A Smoky se la encontró un soldado norteamericano en una trinchera en Nueva Guinea. Desnutrida y asustada, aun así, el soldado que se la encontró se la «vendió» a otro, a Bill Wynne, con el que al parecer tenía una deuda de juego. Pero ¿cómo había llegado allí una yorkshire? La verdad es que no lo sé, y ni siquiera en los reportajes de *National Geographic* lo cuentan.

La perrita tuvo suerte porque al soldado Wynne le gustaban los perros. Pero él no fue tan afortunado ya que se vio afectado por el dengue y lo ingresaron en el hospital. Sus compañeros lo visitaron acompañados de Smoky para animarle, y las enfermeras, al comprobar el efecto positivo en el ánimo de Wynne, pidieron que les dejaran a la perrita para que visitara a otros pacientes.

Smoky se quedó en el hospital con Wynne, con el que le permitieron compartir cama. Al fin y al cabo, la perrita no pesaba ni dos kilos. Se hicieron inseparables y Wynne la entrenaba; por ejemplo, cuando él gritaba «bang» la enseñó a tirarse al suelo. Sin duda era muy inteligente.

Poco a poco, Smoky se fue convirtiendo en la mascota de cuantos soldados la iban conociendo. Tenía una influencia positiva en el ánimo de los soldados. Los médicos se dieron cuenta del efecto sanador de Smoky y cómo su presencia ayudaba a la recuperación de los enfermos.

Pero, además, Smoky fue una auténtica heroína. Los ataques aéreos de los japoneses al aeródromo de Luzón, en Filipinas, causaban auténticos estragos en las comunicaciones y, en una ocasión en que necesitaban pasar una línea telefónica a través de una tubería situada a veintiún metros bajo tierra para unir la base separada de tres escuadrones, se encontraron con un dilema: la tubería tenía veinte centímetros de diámetro y no había manera de meter el cable, hubieran tenido que cavar una zanja y enterrar el cable, y eso habría supuesto convertirse en blanco de los aviones japoneses. A Wynne se le ocurrió que Smoky, dado su tamaño, podría llevar de un extremo a otro los cables. Le ataron una cuerda alrededor de la cabeza donde llevaba enhebrados los cables y la metieron en la tubería. William Wynne le hablaba, dándole ánimos e instrucciones, y la perrita culminó con éxito la misión, salvando la vida de más de doscientos cincuenta hombres y cuarenta aviones. Ya me dirán si no es una heroína.

Smoky fue una soldado ejemplar que incluso saltaba en paracaídas junto a su dueño. Sí, fue una soldado que tenía valor, inteligencia y lealtad. Me hubiera gustado conocerla, aunque yo nunca permitiría que Barbie, de tamaño pequeño, hiciera algo así. Quizá porque soy claustrofóbica y solo de pensar en la hazaña de Smoky me echo a temblar.

Chips, condecorado

También es conmovedora la historia de Chips, uno de los veinte perros merecedores de la Medalla Dickin.

Fue Maria Dickin la que daría nombre y lugar a esta medalla que lleva su apellido.

Pero ¿quién fue? Pues una de las pioneras en la defensa de los animales que, allá por 1943, puso en marcha el Dispensario Popular para Animales Enfermos, conocido por sus siglas en inglés PDSA.

Maria defendía que los perros que demuestran valentía y desempeñan acciones heroicas durante cualquier conflicto bélico, también merecían una condecoración. Y así se instituyó esta medalla de bronce, en el anverso de la cual reza la inscripción: «Por la valentía», y en el reverso «También servimos».

A lo largo de los años han sido numerosos

los perros que han recibido este reconocimiento, aunque en mi opinión en la lista de los galardonados faltan muchos nombres.

Creo que alguien debería coger el testigo de Maria Dickin y extender esa condecoración a tantos y tantos animales que han mostrado valor y lealtad a sus dueños en situaciones límite.

La lista de canes héroes de guerra es larga. Durante la guerra en el Pacífico, el cuerpo de marines se valió de 549 perros para que les prestaran ayuda en los ataques cuerpo a cuerpo. De esos 549 solo regresaron vivos cuatro.

A partir de la Segunda Guerra Mundial las unidades caninas formaron parte de los ejércitos. Muchos de los perros fueron donados por sus dueños para que ayudaran a ganar la guerra. A ese programa lo denominaron «Dogs for Defense». No sé si habría sido capaz de alistar a Argos, Tifis o cualquiera de los perros que han formado parte de mi vida. Y, por supuesto, tampoco a Barbie.

Pero Chips fue uno de esos perros. Era un

perro mestizo de pastor alemán y fue enviado al Centro de Entrenamiento de Perros en Front Royal, Virginia. De allí pasó a formar parte de la Tercera División de Infantería. El encargado de Chips en el frente de batalla fue el sargento John P. Rowell. Durante la invasión de Sicilia ambos se vieron rodeados por artilleros italianos que los atacaban desde un cobertizo. Chips se «escapó», entró en el cobertizo y al poco unos cuantos soldados italianos salieron de allí bajo la mirada atenta de Chips. ¿Cómo lo logró?

Participó en ocho batallas decisivas con un arrojo determinante. Le condecoraron con la Cruz por Servicio Distinguido, con la Estrella de Plata y con el Corazón Púrpura. Pero ya se sabe que hay humanos miserables y envidiosos y hubo quien consideró que esas condecoraciones no podían estar en posesión de un perro.

Habría sido interesante saber si los que protestaron tuvieron una mínima intervención heroica en la defensa de su país. Lo dudo.

Eso sí, puede que ustedes sepan de Chips

porque en 1990 Disney hizo una película sobre su heroica vida.

Perros mensajeros

Según las «historias» militares, los alemanes y los rusos fueron los primeros en utilizar en la época moderna a los canes en misiones de mensajeros en el campo de batalla, por ejemplo, llevando en los lomos un botiquín para los soldados heridos. Merece recordarse el nombre de algunos.

Rob fue uno de esos perros, sirvió como paracaidista. Ricky se especializó en la detección de minas. Beauty se empleó en labores de encontrar heridos bajo los escombros durante los bombardeos a Londres…

Y algunos fueron condecorados, como he explicado anteriormente.

Más de quinientos perros participaron en la guerra de Vietnam, pero los supervivientes no recibieron la estima y el agradecimiento que merecían, porque doscientos de ellos fueron sacrificados y abandonados.

Así pagamos los humanos la lealtad y valor de los canes.

Mali en Afganistán

Uno de los últimos héroes de cuatro patas de los que tenemos noticia que haya participado en un conflicto bélico es Mali. Un perro belga mallinois de color café que, destinado en Afganistán, sirvió en la Royal Army Veterinary Corps.

En 2012 salvó muchas vidas de soldados británicos, eso sí, poniendo en peligro la suya. Cuando unos soldados que se refugiaban en un edificio se vieron desbordados por los ataques de los insurgentes, a Mali lo enviaron salir al exterior, y resultó herido en el pecho y las patas, pero, aun así, continuó ayudando a romper las filas de los insurgentes.

Y así podría seguir rebuscando en los archivos para encontrar hazañas de estos héroes que merecen entrar en la gran Historia y que sus nombres se escriban con letras mayúsculas.

La importancia de llamarse Barbie

Han pasado unos cuantos días y ¡Barbie ya está en casa! Es dulce y cariñosa, además de guapa.

Carmen, la propietaria del criadero, me avisó de que la perrita ya estaba lista para que fuera a recogerla. Antes de ir a buscarla le preparé unos cuantos juguetes. Mi amiga Pilar Cernuda me aconsejó que le comprara algún peluche y ella me regaló otro. Fue el segundo, porque unos días antes Saray, la novia de Álex, me había regalado un pequeño peluche para Barbie. Yo le compré un tercero, un oso rosa. Llegó el día y, acompañada de mi prima Mercedes, acudí al centro veterinario Vetclan, a donde Carmen lleva a sus camadas de schnauzer. Y allí, entre unos cuantos cachorros y otros adultos, estaba Barbie. No imaginan la emoción que sentí al volver a verla. Hicimos todo el papeleo para la adopción y salí entusiasmada con las veterinarias de Vetclan, que me parecieron, además de competentes, encantadoras.

Ya en la calle, Carmen se metió en su coche con los perritos que la acompañaban; Barbie miró extrañada e intentó seguirla. Me sentí mal, pensaba en el susto que la perrita tendría, que se sentiría abandonada, y que a partir de ese momento empezaría una nueva vida muy distinta a la que había llevado hasta el momento. Del campo a la ciudad. De la naturaleza al asfalto. De estar rodeada de perros como ella a estarlo de humanos.

Sí, me puse en su piel y por eso me dolía su desconcierto y su miedo.

Cuando llegamos a casa no hizo ni caso a sus juguetes. Mentiría si dijera que no estaba triste. En realidad, lo estábamos las dos, ella por su confusión y yo por verla asustada.

La saqué a pasear para que se entretuviera y me dio pena comprobar su estupor al ponerle el collar. Venía de vivir en libertad y tenía que enfrentarse a una vida distinta en la que me preguntaba si le compensaría el cariño que todos íbamos a darle.

A Barbie le sorprendían los coches, la gente, el ruido... miraba a derecha e izquierda con asombro. Todo le resultaba nuevo y seguramente nada grato.

Pasados unos días, se fue acostumbrando a su nueva vida. Es buena y cariñosa, y recibe con agrado los mimos y las caricias. Ya ha aprendido a jugar con los peluches, la pelota, los aros... en fin, con todo lo que le he comprado y le han regalado.

Sí, al final le compré un collar y una correa de color rosa. Y me divierte que nos observen de reojo, en algunas miradas «leo» que piensan que soy una cursi y, por tanto, la perrita también. No me importa nada.

Durante los primeros días me preocupaba que no hiciera ningún sonido, esperaba oírle algún «guau», pero permanecía en silencio. Sin embargo, ya ha dicho sus primeros «guaus», no muchos y con poca intensidad, porque es una perrita tranquila y amorosa, que no protesta por nada por más que esté adaptándose a su nueva vida.

A Fermín y a mi hijo Alejandro les gustan los perros grandes, como lo fueron Argos y Tifis, dos espléndidos y maravillosos pastores alemanes, y como también lo fue Abderramán, pero se han «rendido» ante la ternura de Barbie. Estoy contenta porque durante los primeros días Barbie contó con un amigo: Dolce, el perro de Saray, la novia de Álex. Dolce es tan pequeño de tamaño como ella e igual de tranquilo y cariñoso. Pero también estoy triste porque Afro, la Boston terrier de Pilar y su hija Julia, ha volado al cielo de los perros.

A medida que pasaron los días Barbie fue acostumbrándose a la ciudad. Sin duda, echará de menos la compañía de un buen número de sus congéneres de raza schnauzer, pero estoy segura de que ya se ha dado cuenta de que la queremos y que mi deseo y el de mi familia es que sea feliz. No se trata de que ocupe el lugar de Argos. Como Argos nunca ocupó el lugar de Tifis. Barbie viene a ocupar su propio lugar en nuestra familia y ya es un miembro más. Sé que será una buena compañera de vida y ojalá podamos recorrer un largo trecho juntas. Y sí, le estoy agradecida por formar parte de mi vida.

A modo de epílogo

Han pasado unos cuantos meses desde que terminé de escribir esta pequeña historia, y ahora mismo, mientras escribo estas líneas, Barbie está subida al sillón situado junto a mi mesa de trabajo. De vez en cuando me mira y no puedo evitar levantarme y abrazarla o hacerle una caricia.

Durante este año he descubierto muchas cosas sobre ella: entre otras, que no tiene miedo a ningún perro y se acerca a todos confiada. Eso sí, cuando le ladran, me mira asustada, pero ha hecho un buen número de amigos con los que juega todas las tardes: Leo, Gus, Bouzi,

Quinchi, Maya, Greta, Coco, Suri, Perico, Sombra, Unca, Boby, Trapo, Lupi, Robi, Eros, Apolo, Lua, Lola, Jack, Toby, Boni, Pirata, Duna, Sultán, Lupita, Tiza, Nube, Duque, Magi, Chete, Ron, Sandy, Queco…

Con ellos comparte juegos y «chuches». Y también recibe caricias y mimos de las dueñas de sus amigos, a las que estoy agradecida por habernos acogido a Barbie y a mí en su «grupo».

Las «jefas» de la «manada humana»: las hermanas Alba y Encarna, y junto a ellas también Gloria, Rita, Nadine, Minghui Li, Blanca, Belén, Angelines, Mercedes, Anastasia, Triana, Elena, Inés… Conocerlas ha sido un regalo inesperado.

Barbie es feliz. Estoy segura. Corre, juega, y ha traído mucha alegría a mi familia.

En 2025 ha cumplido cuatro años, su cumpleaños es el 23 de abril, día del Libro, día de Sant Jordi. No pude estar con ella, pero el 24 le organicé una «merienda» de chuches con sus amigos.

Mi próxima novela la estoy escribiendo a su lado. En ocasiones, cuando levanto la mirada del ordenador, me reconforta verla cerca. Le voy contando sobre lo que hacen los personajes, cómo voy avanzando o cuando me atasco. El paso del tiempo es menos ominoso a su lado. Verla me hace sonreír y eso no tiene precio.

En mi escritorio conservo una foto con Argos, y otra con Tifis y mi hijo cuando eran pequeños. A Barbie le hablo de ellos y sé que me entiende cuando le explico cómo eran. Como también sé que me comprende cuando la miro y con palabras o sin ellas le doy las gracias por formar parte de mi vida y regalarme tanto cariño y alegría.

Nota bibliográfica

Los lectores que han llegado hasta aquí ya saben que *Cuando ellos se van* es un libro que nace del duelo y que, en consecuencia, no pretende ser un texto enciclopédico sino el relato de una emoción que compartimos todos aquellos que amamos a los animales. Estas páginas se componen esencialmente de mis recuerdos, pero también de muchas lecturas que me han ayudado a entender el vínculo tan especial que se forma entre humanos y perros. A todas ellas me gustaría reconocer en esta nota bibliográfica.

Como cuento al inicio del libro, la lectura de *Su olor después de la lluvia* de Cédric Sapin-

Defour me animó a emprender este viaje tras las huellas de mi querido Argos, que encontró su nombre en los versos de la *Odisea*. Pero Homero no ha sido el único escritor que ha llevado perros a sus poemas. Del mismo modo que Lord Byron compuso el más bello epitafio a su querido Boatswain, Unamuno se despidió de Remo en «Elegía en la muerte de un perro» y Neruda dejó muestra de su amor en «Un perro ha muerto» y en «Oda al perro». La camarada Niebla, que acompañó al chileno en sus años españoles, quedó al cuidado de Rafael Alberti durante la Guerra Civil, que la convirtió en protagonista de «A Niebla, mi perro». Otro de los grandes poetas de la generación del 27, Vicente Aleixandre, escribió «A mi perro. Retrato con nombre» en homenaje a sus tres perros llamados Sirio. Supe de estas curiosidades y de muchas otras relacionadas con los escritores y sus perros a través de artículos como «Vicente Aleixandre: la eternidad en los ojos de un perro», escrito por Rafael Narbona en *El Español*, o «Pablo Neruda, el poeta que amó a los perros» en *Excélsior*. Francisco Rico me descubrió la enemistad de Yock y Valle-Inclán en «Los tres», publicado en *ABC*, y en el mismo diario leí sobre el premio Nobel portugués y su amigo Camoens: «Muere Camoens, el perro que inspiró a Saramago». «Mi bisabuela, Agatha Christie», es el titular de la entrevista que María Contreras hizo a James Prichard, recogida en *Vanity Fair*, y «Barcino y Butrón como paradigma de los perros en la obra de Cervantes» del profesor Zacarías López-Barrajón puede encontrarse en el *Anuario de estudios cervantinos*.

En los *Diálogos* de Platón y en el *Avesta* hallé muchas de las referencias literarias a la especial relación de afecto que humanos y perros han mantenido en distintas civilizaciones y a lo largo de los siglos. En cuanto a las referencias científicas, pueden leerse en artículos como «La cueva de Chauvet», por John Berger, en *El País*; «Los perros en la Antigüedad», de Joshua

J. Mark, traducido por Lorena Sarre en la *World History Encyclopedia* o «Vínculos afectivos entre humanos y perros hace 14.000 años», por Alec Forssman en *National Geographic*. En *La presencia femenina en el pensamiento biológico*, de Carolina Martínez Pulido, obtuve valiosa información para relatar las hazañas de la arqueóloga británica Dorothy Garrod, y conocí en mayor profundidad la excavación dirigida por Jesús Altuna en Erralla gracias a Vanessa M. Clavijo.

Las películas *Togo*, de Ericson Core; *Balto*, de Simon Wells y *Chips*, de Ed Kaplan me inspiraron a la hora de escribir sobre estos y otros héroes peludos. Los estudios de Alfredo Bueno Jiménez y Manuel P. Villatoro acerca del empleo de ciertas razas caninas en la conquista de América me condujeron hasta Becerrillo, mientras que los textos «Roald Amundsen, el primer explorador que llegó al polo Sur», de José Alejandro Adamuz, y «Las asombrosas aventuras y la misteriosa muerte del primer hombre que venció al Polo Sur», de Alfredo Serra, resultaron de gran utilidad para adentrarme en aquellas expediciones a los confines del mundo. Abel G.M. y J.M. Sadurní me pusieron sobre la pista de algunos de los perros más valientes de la historia, como Stubby, del que conocí su papel en la Primera Guerra Mundial gracias a Anayeli Tapia o Smoky, de quien Rebecca Frankel destaca su presencia sanadora para los soldados heridos en *National Geographic*.

Para aquellos que, como yo, disfruten encontrando perros entre las páginas de los libros, recomiendo que se acerquen a las *Vidas paralelas* de Plutarco; *Colmillo Blanco*, de Jack London; *El Gatopardo*, de Giuseppe Tomasi di Lampedusa; *Flush*, de Virginia Woolf; *Cumbres Borrascosas*, de Emily Brontë o *¿Fue él?*, de Stefan Zweig. No puedo dejar de mencionar *La caverna*, *La balsa de piedra* y *Ensayo sobre la ceguera*, de José Saramago, *Tombuctú*, de Paul Auster y los libros *Los perros duros no bailan* y

Perros e hijos de perra, de Arturo Pérez-Reverte. Y, si se animan con «El coloquio de los perros» de Don Miguel de Cervantes, pregunten de mi parte a Cipión y a Berganza si ellos conocen el nombre del galgo de Don Quijote.